AGUA EN EL JARDÍN

JARDINERÍA EN CASA

AGUA EN EL JARDÍN

ANDI CLEVELY

FOTOGRAFÍAS DE
STEVEN WOOSTER

BLUME

BLUME

Título original:
Water in the Garden

Traducción:
Ramón Martínez Castellote

Revisión científica y técnica de la
edición en lengua española:
Teresa Casasayas Fornell
Doctora en Ciencias Biológicas
Especialista en Botánica
Profesora de la Escuela de Jardinería
Rubió i Tudurí, Barcelona
Profesora del Máster en Arquitectura
del Paisaje, Escuela de Arquitectura,
Universidad Politécnica de Cataluña

Coordinación de la edición en
lengua española:
Cristina Rodríguez Fischer

*Primera edición en
lengua española 2008*

© 2008 Naturart, S.A. Editado por Blume
Av. Mare de Déu de Lorda, 20
08034 Barcelona
Tel. 93 205 40 00 Fax 93 205 14 41
E-mail: info@blume.net
© 2006 Frances Lincoln, Ltd, Londres
© 2006 del texto Andi Clevely
© 2006 de las fotografías
Steven Wooster

I.S.B.N.: 978-84-8076-761-3

Impreso en Singapur

CONSULTE EL CATÁLOGO
DE PUBLICACIONES ON LINE
WWW.BLUME.NET

El agua es símbolo de vida para los
jardines, ya que proporciona un lugar
adecuado para plantas acuáticas
características como estos nenúfares
(página 1), cae gota a gota, de
forma perezosa, desde centellantes
y pesadas cortinas de cadenas
(página 2), o cae en un torrente sobre
una amplia base de peidra (página 4).

CONTENIDO

INTRODUCCIÓN

Agua y vida

La vida comenzó en el agua. A menudo, parece estar en todas partes: cubre alrededor de las siete décimas partes de la superficie terrestre, si bien tan sólo un 1 % de ella es agua dulce. Dos tercios de la composición de la mayoría de las plantas es agua, que resulta esencial para que se mantengan erguidas y en un constante crecimiento activo y sano. Y, con frecuencia, oímos a algunos jardineros quejarse de que nunca parece dejar de llover.

Sin embargo, no en todo el mundo existen suministros de agua inagotables o, ni siquiera, suficientes y tampoco los ha habido siempre. A lo largo del tiempo, muchas plantas han aprendido a sobrevivir en lugares donde los períodos de sequía son endémicos, y para ello han desarrollado estrategias tales como los tallos suculentos, las hojas velludas o cerosas, o un retiro anual para ocultarse en forma de bulbos en letargo.

Dado que en todas las partes del mundo, los ciclos naturales y los procesos vitales dependen del agua, una escasez prolongada puede ocasionar grandes daños

Una de las muchas y diversas ambientaciones y ventajas del agua la ofrece este tranquilo y reflectante estanque que instantáneamente invita a sentarse junto a él para pasar un rato de sosiego en algún momento del día.

y destrucción. En nuestros jardines, por ejemplo, las plantas tienden a deslustrarse, combarse y perder las hojas, mientras que la química vital de la tierra fértil se empobrece y agota a medida que se extingue el contenido de humedad bajo la superficie del suelo; finalmente, el material muerto deja de descomponerse y los sistemas vitales entran en hibernación.

Además de ser el crisol original de la vida –lo que de por sí exige un enorme respeto– el agua es esencial para el mantenimiento de la salud y el bienestar de todas las formas de vida de este planeta. Tiene sobrado sentido, por tanto, emplearla con sensibilidad y apreciar sus cualidades, tanto a nivel global como en el contexto local de nuestros jardines.

El carácter dual del agua

Para los jardineros, el agua es tanto una necesidad práctica, para conseguir unas plantas sanas y vigorosas, como un importante elemento de diseño que puede añadir música y movimiento a un entorno estático en una amplia variedad de formas imaginativas.

El más simple elemento acuático aportará vitalidad y encanto mientras fluye formando sus siempre cambiantes dibujos y ritmos, o yace en tranquilos y límpidos estanques, que reflejan el cielo como un espejo. También son posibles otras disposiciones más complejas, creadas en torno a un circuito cerrado básico de agua en movimiento, que es impulsada a través de una secuencia de estanques y cascadas por medio de una económica bomba eléctrica; los niveles se mantienen automáticamente mediante una cisterna conectada a la corriente general de agua o mediante unas conducciones del agua de lluvia.

Los primeros jardines

Algunos de los primeros jardines se crearon en Oriente Medio, donde el calor y la sequía son habituales. En todo el mundo islámico, el agua constituía un bien muy apreciado que había que usar de forma adecuada y eficiente. A menudo se canalizaba hasta el interior de patios y jardines, donde se almacenaba en estanques o se impulsaba a través de surtidores para refrescar el aire. Una fuente de agua era, de hecho, garantía de una vida cómoda, incluso un símbolo de estatus social, y el paraíso se concebía como un tranquilo y refrescante jardín de agua.

Como una ventana a otro mundo, la superficie de esta agua tranquila puede reflejar los ornamentos (superior) o el follaje que la rodea (derecha) y magnificar su impacto.

Al no tener que luchar por la supervivencia, las plantas acuáticas, tales como los lirios, pueden concentrar su energía en la producción de flores hermosas y algunas veces extravagantes.

En los lados y alrededores de cualquier elemento acuático se puede plantar una multitud de plantas hidrófilas, que a menudo son algunas de las especies más fáciles de cuidar: la mayoría mantienen su buena salud y un activo crecimiento sencillamente por su cercanía al agua. Otras especies más acuáticas viven bien dentro o en la superficie de la propia agua, donde apenas requieren atención, a excepción del control de su tendencia natural a extenderse. Los estanques son, por lo general, ricos en nutrientes, porque, de todas partes del jardín, suelen fluir hasta ellos aguas que llevan disueltas sustancias alimenticias vegetales, lo que en ocasiones hace que el estanque resulte demasiado fértil y origine problemas temporales de proliferación de algas nocivas o «agua verde» (*véase* pág. 106).

El valor de los elementos acuáticos

Por varias razones, como puede ser el cultivo excesivo, la polución o la disminución de las aguas freáticas, muchos estanques y cursos de agua naturales han desaparecido en décadas recientes; una pérdida que amenaza la supervivencia de gran variedad de criaturas y plantas silvestres de estanques.

Por otra parte, los estudios realizados han demostrado que, con bastante frecuencia, se subestima la importancia de los jardines traseros de las casas como refugios para la vida animal, y que los estanques de jardín constituyen un componente importante de esta inmensa red de hábitats.

Es muy probable que, poco después de llenar un estanque o un curso de agua, empiece a recibir las visitas de pájaros, escarabajos de agua e incluso libélulas. Más tarde, el estanque probablemente albergará chinches

Cuestiones de seguridad

Trate el agua con respeto, sobre todo donde se encuentren niños pequeños, que tienen que estar siempre bajo vigilancia en las proximidades del agua. Los estanques de mayor tamaño deben estar cercados, hasta una altura de 90 cm, con una valla a prueba de niños, o cubiertos al ras o un poco por debajo de la superficie con una red metálica de 8 milímetros. O, si lo prefiere, limite sus planes durante unos años a un simple surtidor de burbujas o a un pequeño salto de agua que sólo esté en funcionamiento cuando los niños se hallen vigilados. Enseñe a los niños más mayores un código básico de buena conducta para cuando estén cerca de un estanque, tanto para su propia seguridad como para impedir que molesten a sus moradores.

acuáticas, larvas de frígano, renacuajos e incluso plantas de estanque que los pájaros han transportado en sus patas en forma de semillas o fragmentos vivos. Acéptelos como reconocimiento del valor de su creación así como apreciación de su aportación de un hábitat apropiado para ellos.

Esta aceptación inmediata por parte del mundo animal debería ser suficiente justificación para introducir un elemento acuático en su jardín. Pero también los niños y los adultos suelen sentirse irresistiblemente atraídos hacia el agua (*véase* recuadro) y disfrutan contemplándola y tocándola, o simplemente estando cerca de este benevolente y acogedor elemento que puede proporcionar singulares oportunidades para el juego, el rejuvenecimiento, la reflexión y la relajación.

LA NATURALEZA
del
AGUA

El agua se infravalora con demasiada facilidad, en especial donde se dispone de un suministro fresco y aparentemente inagotable a través de un grifo, y a menudo se ha despilfarrado o polucionado. Los jardineros probablemente aprecien más que la mayoría de la gente lo precioso que resulta este recurso que se debe manejar con eficacia para evitar el desperdicio, pero que también se presta a tratarse con creatividad en detalles que tienen el poder de calmar o seducir con su belleza y su dimensión lúdica.

Los dos extremos de la escala: un estanque generoso y bien abastecido (páginas anteriores) para nenúfares, que exigen abundante espacio, comparado con la belleza de un barreño (izquierda), donde se ha creado un elemento de agua íntimo mediante la combinación de una iluminación sutil, una sencilla vegetación acuática y el agua que circula a través de un viejo grifo de latón.

CÓMO SE COMPORTA EL AGUA

Aunque a primera vista nos parezca un líquido vulgar y corriente, el agua posee unas propiedades extraordinarias, casi mágicas, que la hacen única en el mundo natural.

El agua da forma a nuestro mundo. Durante largos períodos de tiempo, es capaz de desgastar la roca más dura, esculpir el paisaje y, finalmente, producir el suelo de nuestros jardines.

El agua puede disolver gran variedad de sustancias y proporciona todas las materias nutritivas necesarias para las plantas bajo una forma líquida que las raíces pueden absorber. También puede transportar materiales de desecho y un exceso de productos químicos, como los fertilizantes, hasta las charcas y los arroyos. Puede almacenar enormes cantidades de calor sin que se altere su temperatura, por lo que las masas de agua como los estanques pueden moderar calores y fríos extremos y hacer que su entorno resulte más confortable. La mayoría de los líquidos merman cuando se congelan, pero el agua se expande cuando se convierte en hielo, y por eso el hielo flota y los estanques se congelan desde arriba hacia abajo. En la época más fría del año, el fondo de un estanque profundo se encuentra a unos 4 °C, lo que permite a los peces y plantas en letargo sobrevivir debajo del hielo.

El ciclo del agua

Las nubes vierten agua al suelo en forma de lluvia, que fluye pendiente abajo para formar arroyos y ríos hasta encontrarse con el mar. Allí se evapora por la acción del viento y el sol hasta convertirse en nubes una vez más. Incluso en países con un suministro fiable de agua conducida por tuberías hasta las casas, este sencillo ciclo del agua decide dónde y cuándo caerá la lluvia y si habrá suficiente para cubrir nuestras necesidades. Con la influencia cada vez más impredecible del cambio climático, los jardineros necesitan recoger y conservar agua (*véanse* págs. 16-17) para los tiempos de escasez: instalar un elemento acuático es un medio particularmente valioso y decorativo de hacerlo.

EL USO DEL AGUA EN EL JARDÍN

El éxito de un jardín depende de un uso del agua sabio y frugal. Los lechos, las orillas y los tiestos son enormes depósitos de agua donde ésta llena la mayoría de los espacios existentes entre las partículas de tierra y de compost. Esta agua del suelo es absorbida por las raíces de las plantas y reenviada con regularidad a la atmósfera a través de las hojas, que pueden liberar hasta 25 litros por metro cuadrado a la semana. El viento y el sol pueden evaporar cantidades superiores desde el propio suelo.

El rápido agotamiento de la humedad del suelo en la temporada de crecimiento es la razón por la que las plantas requieren un riego regular y, a veces, frecuente. Sin

Independientemente de que sea deliberadamente bombeada a lo largo de un circuito o que llegue de forma intermitente a modo de lluvia, el agua se puede recoger para su almacenaje en bidones especiales que puedan resultar decorativos como originales esculturas, a la vez que sirven de depósitos.

embargo, es posible reducir la necesidad de riego si se aprende a conservar el agua de diversas maneras:

Añadir materia orgánica Materiales tales como el compost y el estiércol, si se añaden cada año al suelo, se descompondrán para formar el humus, una materia esponjosa que absorbe y almacena importantes cantidades de agua. Si extiende también una capa sobre la superficie, a modo de mantillo, reducirá la evaporación de la humedad del suelo.

Aprovechar el agua de lluvia Unos bidones de agua conectados a los canalones del tejado mediante los bajantes pueden almacenar gran cantidad de agua. Conecte varios, de manera que cada uno reciba lo que se desborda del anterior; el exceso del último recipiente se puede conducir directamente hasta un estanque.

Almacenar agua bajo tierra Cuando construya un elemento de agua en movimiento que utilice una bomba para hacer circular el agua desde un depósito subterráneo, considere la posibilidad de excavar un espacio lo bastante grande como para albergar una cisterna, o aljibe, de mayor tamaño, que pueda terminar de llenarse con el agua de la lluvia.

Agua doméstica desechada

El agua limpia que se desecha, por ejemplo, cuando enjuagamos o «dejamos el grifo abierto», se puede recoger en un barreño para verterla en una alberca o en un depósito de agua. El contenido de un bañera y otras formas de agua «sucia» no debe ir nunca a parar a una charca, donde los residuos de jabón y detergente podrían causar problemas, pero sí se pueden utilizar para regar plantas en casos de emergencia (¡las bacterias del suelo pueden neutralizar pequeñas cantidades de materia de desecho rápidamente!). Un método más eficaz y decorativo es hacer pasar el agua desechada a través de una serie de dos o tres estanques de sedimentación conectados y plantados con especies de *Typha* y *Phragmites*; éstas filtrarán las impurezas y, después, descargarán el agua limpia en el estanque final.

Regar de forma consciente Empapar bien el suelo que rodea a una planta sedienta con una regadera es el modo más adecuado de regar. Si se trata de áreas más grandes, emplee el método de goteo con mangueras perforadas colocadas entre las plantas. No utilice aspersores, ya que funcionan de un modo indiscriminado y malgastan el agua, que no cae en el lugar preciso.

Adecuar las plantas a los lugares Las distintas clases de plantas han evolucionado para adaptarse a diferentes condiciones específicas y crecen mejor donde las condiciones son semejantes a las de su procedencia original. Las plantas hidrófilas, por ejemplo, se desarrollan en suelos húmedos y jardines de ciénaga, mientras que las

La piedra y el agua son perfectos compañeros, independientemente de que se trate de una combinación formal o de una piscina de terraza (izquierda) o de un marco más natural con cantidades relativamente pequeñas de agua que desciende suavemente por una serie de salientes de roca escalonados (derecha).

especies desérticas o las mediterráneas sobreviven en lugares cálidos y secos sin necesidad de un riego regular.

LOS PLACERES DEL AGUA

Además de contribuir a un uso eficaz del agua en el jardín, los elementos acuáticos, como los estanques y los arroyos, proporcionan un ilimitado deleite, entretenimiento e incluso descanso. En un día caluroso, por ejemplo, el ambiente es más fresco y agradable cerca de cualquier elemento de agua, sobre todo donde el agua salpica o burbujea, llenando el aire de vigorizantes iones negativos. Dependiendo del espacio de que disponga, puede crear un detalle acuático minúsculo, como un surtidor de burbujas, para un disfrute íntimo y seguro, o instalaciones de mayor envergadura, como un sistema de filtración con un lecho de cañas para reciclar el agua usada de la casa, una charca para cultivar plantas comestibles (*véase* pág. 21) o, incluso, una piscina natural (*véase* recuadro).

El agua tiene personalidad y unas propiedades ambientales que se pueden emplear para transformar la sensación y el aspecto del jardín. Intente definir, antes de actuar, qué es lo que exactamente le atrae del agua y qué cualidades desea conferir a su instalación. Dado que realizar cualquier obra acuática implica gran cantidad de tiempo y un concienzudo esfuerzo, y el resultado será un

Un estanque para bañarse

Una piscina silvestre, al igual que un estanque de jardín, consta de dos zonas diferenciadas: una parte central, de la mitad del área total y lo bastante profunda para nadar, y un margen circundante menos profundo donde las plantas acuáticas purifiquen y regeneren el agua sin necesidad de usar productos químicos tales como el cloro. El resultado es un estanque precioso y de escaso mantenimiento que atrae tanto a la vida animal como a los bañistas, no afecta al medio ambiente como lo hace una piscina convencional e incluso se puede calentar mediante paneles solares.

elemento permanente –y probablemente prominente–, planéelo bien con antelación para evitar decepciones.

La distribución y el ambiente existentes en su jardín pueden ayudarle a escoger la mejor manera de incorporar agua en el mismo. Una charca grande y frondosa para albergar vida animal, por ejemplo, resultaría incongruente al lado de unos inmaculados lechos de plantas anuales, pero encajaría cómodamente en un rincón de flores silvestres, mientras que un frío estanque angular con bordes alicatados podría ser un complemento ideal para un patio de estilo contemporáneo, pero estaría fuera de tono en el jardín de una casa rural.

Decida si prefiere el alegre sonido y movimiento de una cascada o catarata, o simplemente un agua reposada que refleje el cielo y aporte tranquilidad y frescura a un día de verano; tal vez un lugar para poner unos pocos peces y

Cuando los paisajes de piedra se revelan después de la lluvia, cualquier depresión puede convertirse en un pequeño mundo acuático, bien sea temporalmente en un hueco de la superficie rocosa o, más generosamente, en un espacioso estanque de piedra en un jardín.

plantas acuáticas vistosas, o un estanque semisilvestre con una proliferación de criaturas subacuáticas y libélulas revoloteando por encima.

Modelos naturales

A medida que contemple las diversas clases de elementos acuáticos y comience a evaluar cuál es el que, con mayor probabilidad, va a ajustarse a sus planes y a la naturaleza del lugar, considere algunos de los ejemplos naturales que le rodean y las lecciones que puede aprender de ellos.

El agua está siempre en movimiento en el mundo natural, abriéndose camino pendiente abajo en busca del punto más bajo. En terrenos más escarpados, un arroyo burbujea como un manantial, o recoge el agua de lluvia que fluye hasta él desde la tierra que lo rodea y corre con rapidez sobre un lecho de piedra, precipitándose por los salientes rocosos en forma de cascadas. Su tránsito turbulento mantiene el agua limpia y dulce: las algas no tienen posibilidad de desarrollarse porque los nutrientes disueltos son escasos, las plantas tampoco pueden echar raíces y el constante movimiento ayuda al agua a absorber el oxígeno purificador. Las características clave de un joven arroyo natural son: roca y piedras, movimiento y sonido intensos, claridad y frescura.

Los equivalentes de jardín son los saltos de agua, las cascadas, las fuentes de caño y los surtidores. Los arroyos que tienen muchos años o los no tan antiguos remontan unos gradientes mucho más suaves, ya que se han erosionado, lo que hace que su velocidad se ralentice y su arrastre no limpie por completo el lecho rocoso. Los sedimentos de tierra se acumulan, hecho que da pie para que se establezcan plantas, tanto especies de orilla a lo largo de sus márgenes como plantas acuáticas que arraigan en el agua más profunda. Muchas de estas plantas son oxigenadoras, lo cual ayuda a mantener la calidad del agua. En zonas edificadas, los arroyos a menudo se encauzan a través de conducciones subterráneas o bien su caudal se hace fluir por unos canales disciplinados y simétricos donde pocas cosas pueden crecer.

En el jardín, estas etapas se representan mediante jardines acuáticos con abundante vegetación, en el primer caso, y con canales y cauces formales en el segundo.

Cuando la corriente de agua encuentra un obstáculo, se acumula formando una charca en las zonas donde existe un hueco impermeable en el lecho; éste se llena hasta que la corriente rebosa y reanuda su curso descendente. Este tipo de accidente puede ser sólo un charco temporal, una charca independiente alimentada por un arroyo, agua de drenaje que fluye desde el terreno circundante o una parte más profunda del cauce del arroyo donde el agua se detiene antes de remontar el borde en forma de cascada. Con el agua en calma, las plantas y las algas se establecen con facilidad en proporciones variables que deciden si se trata de una charca de agua estancada y carente de oxígeno o una sana y equilibrada morada para criaturas silvestres, como los escarabajos acuáticos, los renacuajos y los peces. Otras plantas hidrófilas colonizan las orillas y los húmedos alrededores.

Versiones de jardín son los cuencos, los pilones, los jardines pantanosos y los distintos tipos de estanques.

Una charca para plantas comestibles

En diversas culturas, el cultivo de cosechas comestibles en charcas es una práctica bien establecida, y hasta la más pequeña charca puede ser productiva y se puede convertir en un elemento ideal para huertos y jardines de cocina. Como hábitat favorito para los sapos, puede también ayudar en el control de babosas y otras plagas de las plantas. Las raíces y los tallos de hoja de muchos nenúfares son comestibles, como lo son también casi todas las partes del loto (*Nelumbo* spp.). Plantas de orilla tales como los berros, la cola de golondrina (*Sagittaria*), el carrizo (*Phragmites communis*), la espadaña (*Typha*), la menta de agua y el cálamo aromático (*Acorus calamus*) tienen todas ellas hojas, tallos, flores o rizomas comestibles.

USTED ELIGE

La gama de elementos acuáticos disponibles es enorme, por lo que tendrá que analizar las aspiraciones, la factibilidad y la naturaleza del lugar donde va a ir para poder elegir el tipo más apropiado. Los montajes de agua en movimiento son más costosos y complejos de instalar que un simple estanque, pero siempre puede añadir uno más tarde como ampliación de un estanque ya existente. Quizás resulte más práctico construir varios elementos de agua complementarios para crear un variado y satisfactorio paisaje húmedo. Independientemente de su elección, será bastante difícil que lamente haber invitado al agua a entrar en su jardín.

2

CONSTRUCCIÓN de un ESTANQUE

El componente clave de la mayoría de los jardines acuáticos es un estanque, la forma más sencilla de detalle acuático y probablemente la más adaptable. El estanque, o charca, que tiene lugar de forma natural en los lugares donde el agua fluye y no puede desaguar, es el elemento más fácil de construir y no requiere ningún conocimiento de hidrología. Todo lo que necesita es encontrar o cavar un hoyo en la tierra, impermeabilizarlo, y después llenarlo de agua. El resto no son más que detalles y decoración.

INSPIRACIÓN

Existen muchas razones por las que podría desear construir un estanque en su jardín. Quizás quiera algún lugar donde albergar una colección de peces o necesite refrescar un patio o un jardín caluroso en verano. Puede que ya tenga en su jardín una zona baja y húmeda donde no crezcan más que juncos y juncias, o tal vez sea lo bastante afortunado como para tener un arroyo que fluye a través del terreno. Si desea fomentar la vida animal en un lugar donde pueda contemplarla sin obstáculos, un estanque es un punto de atracción garantizado para gran variedad de criaturas. Independientemente de sus razones, es preciso que las tenga bien claras en su cabeza, porque ellas pueden ayudarle a decidir tanto la ubicación como el estilo del estanque.

Las fuentes de inspiración también pueden ser muy variadas. Una visita a un centro de jardinería o a un jardín ya existente puede poner en marcha sus sueños, o tal vez pueda dejarse inspirar por fenómenos acuáticos naturales de algún paisaje húmedo y desee recrear algo similar más cerca de casa. Como en otros muchos casos, puede que simplemente se sienta atraído por las numerosas sensaciones que las cualidades del agua pueden proporcionar y desee incluirlas en el repertorio de su jardín a causa del efecto relajante o estimulante que ejercen en sus sentidos y su bienestar.

El agua, posiblemente el elemento más versátil en el diseño de un jardín, resulta tan apropiada como elemento blando en un paisaje construido y sofisticado (páginas anteriores) como cuando se utiliza para proporcionar un hábitat especializado en un entorno poblado de exuberante vegetación (izquierda).

ESTILOS

Independientemente de su finalidad, un estanque puede tener un aspecto formal o informal.

Estanques formales

Normalmente están construidos a propósito por el hombre y raras veces pretenden imitar algún tipo de fenómeno natural. Tienden a tener forma geométrica y a estar situados en lugares centrales o destacados en calidad de elementos clave, tal vez enriquecidos con algún accesorio formal como puede ser un clásico surtidor. La vegetación suele ser limitada o mínima, pero los peces ornamentales son totalmente apropiados.

Papel clásico del agua como la pieza central fresca de un patio, centrado en un estanque cruciforme animado por unos suaves surtidores y flanqueado por unos estilizados cipreses italiano (*Cupressus sempervirens*) a modo de centinelas.

Los estanques pueden estar hundidos, a ras de tierra o bien elevados por encima del suelo; un estanque situado en un invernadero suele ser, por lo general, una estructura elevada. En cuanto a los estanques orientales (*véase* pág. 34), si bien incluyen elementos paisajísticos naturales, normalmente están diseñados de acuerdo con unas estrictas directrices y forman parte, por lo general, de la categoría formal.

Izquierda Los entrantes de roca, las plantas de hoja ancha como las hostas y los bancos de césped en ligera pendiente constituyen elementos informales que ayudan a crear un hábitat ideal de vida salvaje.

Derecha Un suave camino de ladrillo reciclado y un tronco «encontrado» reducen los ángulos de este estanque, de otro modo, formal.

Estanques informales

La intención de estos estanques es ser más naturales y resultan muy atractivos cuando se construyen bien, pero se necesita habilidad para ello si se quiere que adquieran un aspecto realista. El de carácter más informal a menudo se diseña para atraer y mantener vida animal (*véase* pág. 37). Muchos diseños informales son el resultado de un exitoso compromiso entre distintos factores como, por ejemplo, establecer un estanque irregular con una vegetación atrevida en deliberado contraste con un entorno formal de estructuras construidas. Los estanques naturales, sin embargo, necesitan más espacio que los diseños formales, así como más cuidados para conseguir que se integren convincentemente en el marco del jardín. A menudo se combinan con un salto de agua o un elemento activo similar; cualquier área de vegetación se puede extender o desarrollar para crear un jardín pantanoso o un jardín de rocas.

PLANIFICACIÓN

Elección del lugar

Algunos elementos de jardín, tales como un patio o el césped, se pueden concebir de puertas adentro sobre una hoja de papel, pero en la planificación de un estanque a menudo se necesita comenzar por su ubicación y

Jardín húmedo hábilmente diseñado que fusiona elementos auténticos, tales como un lecho de cañas, un estanque natural y un jardín pantanoso, en un paisaje informal donde las plantas hidrófilas de orilla pueden proliferar a sus anchas.

desarrollar el esquema a partir de ahí. Sin embargo, este hecho no resulta tan crucial en el caso de un estanque formal, que tal vez se construya con la única intención de embellecer una zona ya existente, pero los estanques naturales necesitan ubicarse en lugares donde, de ninguna manera, deben parecer artificiales.

La parte más baja del jardín, donde la lluvia desagua de forma natural debido a la forma del terreno, es, en potencia, el lugar idóneo. Los desniveles del jardín podrían también sugerir un posible curso de agua que fluyese hacia o desde el estanque. Cualquier área que habitualmente esté húmeda, quizás donde crezcan abundantes juncos y juncias en la hierba, es un candidato adecuado, aunque seguramente sería más fácil convertirla en un jardín pantanoso (*véase* pág. 102), porque la construcción de un estanque en un terreno inundado puede, en ocasiones, traer problemas consigo (*véase* recuadro).

Donde no existía ningún lugar evidente que sugiera su idoneidad, elija el sitio más apropiado teniendo en cuenta los siguientes criterios:

La luz solar es esencial para tener agua de buena calidad y para una adecuada salud de las plantas; la mayoría de las plantas acuáticas necesitan como mínimo seis horas de sol al día en verano. Asegúrese de que los edificios no proyecten su sombra sobre ellas durante largos períodos del día, y evite los árboles cuyas copas cuelguen por encima, por muy bonitos que puedan resultar. Además de

Terreno inundado

Este terreno puede ser una bendición si solamente tiene que excavar un hoyo que se llena de forma natural y permanece así durante todo el año, sobre todo porque, al hacer esto, también puede mejorar el drenaje del resto del jardín. En un suelo de arcilla muy denso, tal vez sea posible compactar el fondo del estanque (*véase* pág. 44). Si planea utilizar un revestimiento flexible o una unidad prefabricada necesitará drenar el lugar donde vaya a situar el estanque, porque un elevado nivel freático puede ejercer presión desde abajo, lo que deformaría la estructura.

dar sombra al estanque, las hojas que caigan pueden hundirse y ensuciar el agua.

Evite los lugares extremos. Si bien es cierto que un estanque refrescará agradablemente y aliviará cualquier zona calurosa y sin aire, el agua se puede evaporar con gran rapidez, lo que obligará a oxigenar a los peces para evitar que se asfixien, y, cuando la profundidad del agua es escasa, la temperatura puede fluctuar de un modo espectacular. La exposición al viento hace que la temperatura descienda y aumente la evaporación; el aire frío atrapado en un hoyo helado puede hacer que el estanque se congele durante largos períodos de tiempo.

Evalúe cualquier lugar desde todos los ángulos, y no solamente los exteriores, sino también como vista desde la casa: todos los elementos de agua poseen una naturaleza casi hipnótica e, inevitablemente, atraerán la atención desde cualquier punto donde resulten visibles.

Ejemplo perfecto del modo en que unas exuberantes
agrupaciones de atrevidas plantas de orilla y de jardín pantanoso
pueden equilibrar y suavizar la marcada geometría de un
estanque formal, unas plataformas de entarimado de madera
y un puente de conexión.

Ubicar un jardín con vida animal en un lugar donde se
pueda contemplar fácil y tranquilamente desde el
interior puede ayudar a evitar cualquier visitante que
pudiera resultar alarmante.

Compruebe los alrededores para detectar posibles
problemas o peligros. Las raíces de los árboles impiden la
excavación y pueden atravesar el revestimiento del
estanque; asimismo, algunas especies arbóreas, como; el
castaño de indias, el laburno y las coníferas, contaminarán
el agua y, posiblemente, causarán la muerte de los peces.
Asegúrese de que conoce bien la localización de las
tuberías de desagüe y otras conducciones de agua y
cables eléctricos que estén bajo tierra. La proximidad
de una instalación eléctrica, por otra parte, puede constituir
una ventaja si sus planes incluyen una bomba de agua
o añadir distintas luces.

El acceso puede ser importante por diversas razones y tal
vez necesite construir un sendero que conduzca al
estanque y que posiblemente recorra también su perímetro.
Un acceso practicable será esencial durante la
construcción, sobre todo si recurre a una constructora con
maquinaria. En todos los estanques, a excepción de los
más naturales, puede ser necesario restaurar el nivel del
agua durante el verano, por lo que resulta importante tener
acceso a un grifo o manguera; además, el mantenimiento
de rutina es más fácil donde existe espacio suficiente

para trabajar a la hora de dividir las plantas de orilla o solucionar problemas de algas, por ejemplo.

DISEÑO DEL ESTANQUE

El equilibrio es lo más importante, tanto en el interior como alrededor del estanque, y, tanto una mesura extrema como un exceso de ambición constituyen peligros que hay que evitar de igual manera. Planear un estanque más grande que el solar disponible adecuado podría conferir al ecosistema mayor estabilidad, pero los costes pueden resultar excesivos y el resultado podría fácilmente dominar el resto del jardín. Un diminuto estanque de poca profundidad, por otra parte, se puede secar con rapidez y ofrecer un aspecto pobre, a menos que considere que un esquema formal simple se adapta adecuadamente al conjunto del jardín

Sitúese junto al terreno propuesto y trate de visualizar el estanque desde todos los puntos; en invierno, cuando la vegetación plantada a su alrededor probablemente quede sin hojas, y en verano, cuando el lugar resulte frondoso. Considere la cantidad de tierra que tendrá que excavar: ¿Hará usted mismo la excavación o recurrirá a una empresa constructora? ¿Y adónde irá la tierra sobrante? Decida si deseará ampliar el estanque en el futuro para incluir otros elementos acuáticos, zonas de plantación o un entarimado para relajarse junto al agua.

Después dibuje la estructura del estanque en el suelo, con la ayuda de una cuerda o una manguera para las formas irregulares, y unas estacas y cordel para los diseños formales de lados rectos. Mida el área para poder calcular la cantidad de material y los costes e intente modificar el contorno, mientras el proyecto se halla todavía

Cálculo del tamaño

- El tamaño de determinado estanque está estrechamente relacionado con su finalidad, así como con su situación.
- Los peces de colores necesitan 0,09 metros cuadrados por cada 5 centímetros de longitud.
- La carpa koi prefiere una profundidad mínima de 1,2 metros.
- Muchos nenúfares requieren unos 2 metros cuadrados para desarrollarse adecuadamente.
- Una profundidad mínima de 45 centímetros en una parte del estanque es esencial para un ecosistema sano así como para evitar la congelación.

Diseñado para complementar un patio para comer y entretenerse, este elemento de agua formal proporciona sonido y movimiento con una iluminación oculta para crear un ambiente crepuscular, y un ancho borde embaldosado donde los visitantes se pueden sentar y tocar el agua con los dedos.

en la etapa de planificación, para comprobar si se puede mejorar el esquema original o hacerlo más económico.

Factores prácticos para estanques formales

Las estructuras simétricas simples son las que más impacto ejercen y pueden, o bien reproducir aquellas que se hallan cerca, o bien establecer un elegante contraste con ellas: un óvalo en una tarima cuadrada, por ejemplo.

Unos lados rectos que discurren en paralelo con elementos sólidos como la casa y los senderos del jardín ofrecerán un aspecto clásico, pero usted puede alinearlos con cierta oblicuidad para crear una desafiante disparidad.

Considere la posibilidad de entrelazar formas para conseguir más variedad, o de emplear estructuras extremas para crear ilusiones: un estanque largo y estrecho puede, por ejemplo, alterar las dimensiones aparentes de un jardín.

Utilice materiales que imiten o complementen su entorno. Los estanques formales son una extensión del paisaje construido, por lo que su correspondencia visual es a menudo una parte importante de su atractivo.

Factores prácticos
para estanques informales

Evite los ángulos pronunciados y las líneas rectas: informal implica forma libre, pero no tan enrevesada que parezca un diseño sin pies ni cabeza.

Mantenga las variaciones suaves para lograr un aspecto auténtico y recuerde que la acción natural del agua tiendea suavizar y difuminar el detalle.

Es necesario que el estanque se integre con la disposición del terreno, como en el caso de un estanque para bebedero de animales en lo alto de una colina, o, si se van a poner plantas, con los lechos y bordes cercanos. Incluya repisas sumergidas para poner cestas y plantas de orilla.

Las formas simples proporcionan una mayor área de superficie, lo cual aumenta el impacto reflectante del estanque y su potencial para poblarlo de plantas y peces; las líneas complejas aumentan la longitud del borde, que será preciso acabar e integrar.

Realice un plano final

Cuando advierta que ya ha considerado todas las opciones y se haya decidido por un diseño, será preciso que plasme sus ideas sobre el papel.

Primero, esboce el área más importante del jardín, y añada todos los elementos principales y los límites; mida las distancias críticas para que pueda trasladar toda la información a un plano para ponerlo en escala en una hoja

El agua es un elemento clave en muchos jardines orientales, como éste, donde fluye a través del centro de una composición rocosa, que es una imitación clásica de un paisaje natural.

Estanques orientales

Aunque formal en concepto, el estanque oriental ideal se suele situar ligeramente fuera del camino principal y suele estar rodeado de rocas erosionadas cuidadosamente seleccionadas y cavidades destinadas a una limitada selección de plantas especialmente vistosas. La profundidad del agua no es tan importante como una amplia y plácida superficie diseñada para reflejar el cielo o importantes elementos cercanos, como un árbol o una vista agradable de la casa.

de papel cuadriculado. Haga varias fotocopias si todavía necesita experimentar con ideas alternativas.

Añada el contorno del estanque, en un principio a lápiz para permitirse cambiar o modificar los detalles. Anote en el plano los distintos elementos, como pueden ser las plantas, la ubicación de una bomba de agua con el recorrido de sus conducciones y los cables pertinentes y, tal vez, accesorios tales como asientos o elementos de iluminación. Añada todos estos componentes en la misma escala para asegurarse de que los tamaños y las distancias sean realistas. Cuando esté satisfecho con el resultado, proceda

Este depósito de acero galvanizado constituye un satisfactorio elemento de agua tranquila, pero ilustra la necesidad de una instalación cuidadosa para asegurar una superficie perfectamente nivelada.

a plasmar todo con tinta en una copia final como diagrama de trabajo.

MARCACIÓN DEL LUGAR

Ahora ya está preparado para trasladar el plano al sitio escogido como un diseño de tamaño natural. Como todavía es provisional, podrá hacer ajustes a medida que avanza, si el espacio o los elementos y desniveles existentes sugieren la necesidad de algunos cambios. Acuérdese de marcar estas correcciones en el plano, sobre todo si otras personas van a llevar a cabo el trabajo.

El modo de marcar el terreno dependerá del método de construcción que elija. La mayoría de los diseños se pueden dibujar en el suelo con arena seca vertida en chorro desde una bolsa de plástico con uno de los extremos cortados. Si el área está cubierta de césped, se puede dejar una manguera o una cuerda durante una semana y aparecerán en el suelo como un contorno amarillo.

Los diseños formales se pueden marcar con cordel y pequeñas estacas para las líneas rectas; marque los círculos con un palo puntiagudo atado a un extremo de un cordel, cuyo extremo opuesto se ata a una pequeña estaca clavada en el centro. En el caso de las unidades de revestimiento prefabricadas, colóquelas boca abajo y trace su forma en el suelo siguiendo el borde para conseguir un contorno preciso.

Estanques de vida animal

Para atraer a un mayor número de especies animales, el hábitat del estanque debe ser lo más rico y variado posible. Los alrededores inmediatos pueden incluir una ligera sombra de árboles, una zona silvestre de gramíneas altas o plantas de ciénaga para las especies más tímidas, piedras para actuar como escondrijo, un área sin cuidar para hongos y organismos en descomposición, y una playita de guijarros o una tabla en pendiente para ayudar a los animales a abandonar el estanque.

Conviva con este diseño rudimentario durante unos días y, después, modifíquelo si es necesario.

Establezca los niveles

El agua, como líquido que es, se autonivela y responderá a cualquier inexactitud de nivel, en su continente, desbordándose y exponiendo una parte de la pared del estanque.

Para establecer los niveles, necesitará una serie de pequeñas estacas puntiagudas, una maceta para clavarlas, un nivel y una tabla recta lo bastante larga como para activar a modo de puente entre una y otra orilla.

Clave la primera estaca en el suelo ligeramente por fuera del contorno marcado y de forma que el extremo superior quede justo por encima del nivel de la superficie del suelo. Considérela el nivel de referencia. Clave las demás estacas a intervalos regulares a lo largo de todo el contorno y compruebe con el nivel cada una con respecto a la siguiente. Cuando haya completado el perímetro, confirme

Regule los niveles de agua

Aunque muchos jardineros llenan un estanque con la ayuda de una manguera, puede que usted prefiera ajustar los niveles automáticamente, para lo cual, antes de comenzar la obra, deberá elaborar un sistema adecuado sobre un plano. El modo habitual es dejar correr agua hasta una cisterna enterrada, provista de una válvula de flotación y una salida en la superficie del estanque. Un nivel de agua descendente vaciará la cisterna, haciendo que la boya caiga y abra la válvula de entrada del agua. Puede, asimismo, instalar un tubo de rebose en el estanque, colocado justo por encima de la salida de la cisterna y que conduzca el exceso de agua a un desagüe, a un sumidero ciego o a un jardín pantanoso. Encaje los tubos en los agujeros del material de revestimiento y asegúrelos con manguitos de unión estancos.

la uniformidad de sus niveles haciendo descansar una tabla en diagonal de esquina a esquina o de lado a lado del estanque. Habrá conseguido una línea de base fiable desde la que comprobar las profundidades.

EXCAVACIÓN

Decida con bastante antelación si la escala de la obra justifica el alquiler de una excavadora mecánica, en cuyo caso la mejor época para trabajar es el verano, mientras el suelo está seco y no se apelmaza tan fácilmente. Si va a excavar con medios manuales, primavera y otoño son las estaciones más cómodas. Evite el invierno si el suelo está húmedo o pesado, o incluso helado. Piense dónde va a dejar la tierra excavada y el camino más fácil de usar.

Separe el tapete herbáceo y apílelo en algún sitio, fuera del camino, o bien para volver a colocarlo más tarde o para que se descomponga y sirva de acondicionador fibroso del suelo.

Excave la profundidad de una pala rectangular en toda el área marcada y apile esta tierra sobre una lámina de plástico duro. Esta tierra resulta, por lo general, demasiado fértil y friable como para desperdiciarla y, además, se puede reutilizar a la hora de plantar y dar forma al paisaje circundante del estanque.

Continúe entonces excavando el subsuelo. Manténgalo separado del suelo superior y utilícelo para construir pendientes y gradientes para desplazar elementos acuáticos.

Compruebe la profundidad con respecto a las estacas y deténgase cuando alcance el nivel del fondo del estanque. Si va a incluir repisas para plantas (*véase* pág. 101), deje de cavar en este nivel intermedio, marque el contorno central restante y añada una nueva serie de estacas niveladoras, y después prosiga excavando hasta el fondo.

EL REVESTIMIENTO DEL ESTANQUE

Esta secuencia básica de operaciones es la misma para todos los estanques a nivel de tierra (para estanques elevados, *véase* pág. 45). El modo en que continúe o modifique la obra depende del material que emplee para forrar las paredes y el fondo del estanque y hacerlos impermeables. Son tres los tipos de revestimiento comúnmente empleados, cada uno de ellos con sus

Si permite que la vegetación se extienda y colonice los márgenes del estanque, e incluso alcance el interior del agua, le ayudará a ocultar los poco atractivos bordes del revestimiento artificial.

particulares ventajas e inconvenientes. Los tres necesitan una capa para mantener el revestimiento aislado del suelo y evitar problemas ocasionados por piedras o raíces. Si el suelo de su jardín es de arcilla pesada, es posible que no necesite forrar el estanque (*véase* pág. 44).

Revestimiento flexible Es el material más fácil de colocar y se amolda con facilidad para encajar en cavidades de forma irregular, pero no resulta adecuado con ángulos y esquinas pronunciados. La duración y el coste varían de acuerdo con la calidad, desde el politeno, que es el más barato, pero de vida limitada, hasta la goma de butilo, más fuerte y cara. Las láminas se hacen a medida (*véase* recuadro pág. 40), pero, para estanques muy grandes, es preciso soldar dos o más láminas, tarea que es mejor dejar al proveedor antes de la entrega.

Revestimiento prefabricado Se trata de unidades moldeadas de diversos tamaños y formas fabricadas en plástico flexible o reforzado, o en fibra de vidrio, que es más fuerte. A diferencia de los revestimientos flexibles, estas unidades son rígidas, por lo que la excavación debe realizarse cuidadosamente para que se adapte con precisión a la forma y sostenga totalmente el revestimiento, para evitar cualquier presión sobre algún punto y, con ello, el peligro de rotura. Muchos diseños tienen un acabado natural que incluye repisas para plantas,

Cálculo de las dimensiones

A menos que el proveedor le indique lo contrario, calcule el tamaño del revestimiento flexible que necesita con esta sencilla fórmula.

- Mida la profundidad máxima (P) y duplíquela (2P).
- Mida la longitud (L) y la anchura (A) máximas.
- Reserve 45 centímetros extra para los bordes en cada lado y extremo.
- El tamaño de la lámina es igual a L + 2P + 90 centímetros de largo por A + 2P + 90 centímetros de ancho.

y a veces existe también una gama de colores donde poder elegir.

Hormigón Resulta muy resitente y permanente, y se puede moldear fácilmente según las necesidades concretas, pero poner hormigón es un trabajo agotador y requiere habilidad para que quede bien. Dependiendo del diseño, podría necesitar también incluir un refuerzo o erigir un encofrado para las paredes escarpadas. El material en sí resulta más adecuado para diseños formales que para grandes charcas naturales.

INSTALACIÓN

Instalación de un revestimiento flexible

Si es posible, elija un día soleado para trabajar, ya que el revestimiento estará más blando y flexible. Los revestimientos se entregan normalmente plegados para mayor facilidad de manipulación, pero una ayuda puede resultar útil para ajustar bien todo el material a la forma del hueco, así como para instalar revestimientos en estanques de mayor tamaño.

❶ Excave el lugar a 5 centímetros de profundidad y más grande que el tamaño final para permitir la colocación de una capa. Retire todas las piedras grandes y con aristas, así como los palos, tanto del fondo del hoyo como de los lados.

❷ Despliegue y centre el revestimiento aproximadamente sobre el hoyo y sujételo con unos ladrillos o piedras. Vierta lentamente agua con la ayuda de una manguera en el centro del estanque. A medida que el forro se extienda, vaya ajustando las piedras para que se asiente cómodamente y se amolde a los desniveles del estanque. Pliegue muy bien los lados para que se ajusten a los ángulos.

❸ Cuando el estanque esté lleno, recorte el revestimiento sobrante hasta dejar un borde de 45 centímetros por todos los lados, que después se cubrirá con el tipo de borde de su elección (*véase* pág. 48).

Instalación de un revestimiento prefabricado

Es importante llevar a cabo una excavación exacta, aunque se pueden ir realizando ajustes durante la instalación. Con las formas complejas es necesario poner un cuidado especial para asegurarse de que el agujero sustenta de manera adecuada todas las partes del revestimiento y que éste, por tanto, se asienta con perfecta uniformidad en el suelo.

❶ Utilice el molde como una plantilla, primero boca abajo para marcar el contorno y, después, en su posición

Aunque es preferible un contorno irregular para aumentar la variedad de hábitats, incluso una forma simple o simétrica puede proporcionar un estanque adecuado para vida animal.

correcta, hacia arriba, para señalar el fondo, donde la cavidad será más profunda. Entonces, excave el hoyo por lo menos 5 centímetros más profundo y más ancho. Compruebe que la base y las repisas que pueda haber se hallen adecuadamente niveladas.

❷ Retire todas las piedras y palos y pise la base del hoyo para que quede bien firme. Recubra la excavación con una

Aquí, el agua se utiliza como un elemento importante en un diseño de patio, bajo la forma de un canal sinuoso que aprovecha las curvas descritas en el suelo de baldosa y ladrillo.

capa de 5 centímetros de arena de construcción, centre el revestimiento y afírmelo bien comprobando que queda perfectamente encajado y nivelado. Añada más arena donde sea necesario, hasta que encaje bien.

❸ Llene parcialmente de agua la unidad y vuelva a rellenar con tierra fina cualquier grieta que se cree en torno a los lados. Si el revestimiento es delgado y plegable, eleve el nivel del agua y del relleno de tierra para evitar cualquier arruga. Compruebe el nivel una vez más, mientras todavía se puede mover la unidad y, después, llene el estanque. Humedezca el relleno y presione.

Instalación de un revestimiento de hormigón

Asegúrese de que sabe cómo mezclar y utilizar el hormigón antes de hacerlo, y considere la posibilidad de alquilar

Cálculo de las cantidades

El hormigón se calcula por volumen en metros cúbicos.

- Mida la superficie del fondo, los lados y las repisas en metros cuadrados y sume las tres cifras obtenidas.
- Multiplique el resultado por el grosor de la capa de hormigón: si tiene 10 centímetros, por ejemplo, multiplique por 0,1 para hallar los metros cúbicos necesarios.

una hormigonera eléctrica para trabajar con cantidades mayores.

❶ Excave el hoyo unos 15 centímetros más de profundidad y anchura. Asegúrese de que la inclinación de los lados no sea superior a 45° para impedir que el mortero húmedo se venga abajo. Presione las superficies horizontales hasta que queden bien firmes y después recubra el hoyo con una capa de politeno para construcción, periódicos húmedos o aislante de moqueta. Cubra dicha capa con una malla metálica de 5 centímetros, y superpóngala entre 10 y 15 centímetros en las uniones, y pise para que quede completamente firme en su lugar.

❷ Mezcle el hormigón, empleando 4 partes de grava de 15 milímetros, 2 partes de arena de construcción y 1 parte de cemento (todo ello medido en seco con un cubo o una pala), más una cantidad opcional de aditivo impermeabilizante. Extienda uniformemente la mezcla en una capa de 10 centímetros de grosor sobre la malla metálica. Cúbrala con tela de saco si cree que va a helar, llover mucho o hacer sol intenso (humedezca la tela de saco), y déjela así durante tres semanas.

❸ Mezcle, para una capa de acabado, 4 partes de arena de construcción y 1 parte de cemento (y compuesto impermeabilizante si lo usa) y extienda la mezcla en una capa de 5 centímetros de grosor y alise la superficie con una llana para que adquiera un acabado uniforme. Protéjala contra los elementos y déjela reposar un intervalo de 10 a 14 días.

❹ Pinte la superficie con un sellador de hormigón para impedir que el limo se adhiera a ella dentro del agua, déjela secar entre 24 y 48 horas y, posteriormente, llene el estanque de agua.

ESTANQUES DE ARCILLA/BARRO

Existió un tiempo en que el modo estándar de construir una alberca de granja consistía en conducir el ganado a través de un hoyo húmedo natural para compactar su fondo de arcilla y hacerlo impermeable.

Aunque son simples y eficaces (muchas de estas albercas han sobrevivido durante siglos), es un método difícil de aplicar a los estanques de jardín, excepto donde el suelo sea compacto por naturaleza. Cuando el suelo es más ligero, se puede comprar y extender arcilla para consolidarlo, si bien se comercializa una arcilla seca granulada que se mezcla con agua para aplicar un revestimiento. Los estanques artificiales de arcilla suelen sufrir con facilidad daños causados por raíces de árbol y un calor intenso que puede secar y agrietar las zonas expuestas, pero el método es especialmente adecuado para crear un jardín pantanoso (*véase* pág. 102).

Si su suelo es pesado y pegajoso por naturaleza, intente excavar una depresión de lados poco profundos. Espere hasta que la arcilla expuesta se sature con el agua de lluvia o empápela durante varias horas. La arcilla estará lista cuando pueda tomar un puñado y moldearlo hasta formar una bola o un cilindro que no se separe. Pise bien las superficies horizontales hasta que estén muy sólidas y golpee los lados con la cara trasera de una pala rectangular hasta que quede bien firme.

Puede entonces llenar de agua el estanque. Si pierde agua gradualmente, espere hasta que esté vacío y vuelva a apisonar todas las superficies. Rellene el nivel de agua del estanque, siempre que sea necesario para impedir que las partes sin agua se sequen y agrieten. Para evitar perforar el fondo compactado, coloque las plantas en cestas, sobre

La construcción de un estanque elevado puede evitar la necesidad de una importante excavación y proporcionar un elemento atractivo que capta la atención y da lugar a una variedad de niveles de superficie acabada.

todo los carrizos y juncos de raíces profundas, así como las especies de *Typha* (espadaña).

ESTANQUES ELEVADOS

Un estanque elevado es una práctica alternativa a la excavación de un hoyo en el suelo, y resulta la solución más simple de construir en superficies duras como los patios o en áreas interiores como un invernadero. La plantación y el mantenimiento son menos arduos, ya que conllevan que se tenga que agachar menos, el interior del estanque es más fácil de apreciar de cerca –sobre todo para las personas menos ágiles– y el desagüe para la limpieza o las reparaciones resulta más sencillo.

Los principales materiales utilizados para los estanques excavados –revestimientos flexibles, prefabricados y hormigón– son también adecuados en este caso, pero es necesario que se hallen en un recipiente o marco de paredes fuertes y rígidas. Éstas se pueden construir con madera robusta de al menos 15 x 10 centímetros de sección, con uniones seguras, o con ladrillo que esté sólidamente unido y preferiblemente con 23 centímetros de grosor. Recuerde que el agua pesa (10 litros de agua pesan más de 9 kilos) y quizás necesite construir una losa de cimentación especial, de hormigón, de 15 centímetros de profundidad si la base existente no es lo bastante resistente.

Casi oculto tras una vegetación exuberante, este abrevadero de metal (izquierda) delata su presencia por el sonido del agua que cae en un fino chorrito desde un caño que sale de la pared, mientras que el cubo de mosaico de la página siguiente constituye una pieza central sorprendente y llamativa que atrae de inmediato la atención a través de esta atrevida entrada.

Los revestimientos flexibles y rígidos deben colocarse sobre arena, y conviene proteger los lados con una gruesa capa de fieltro, material aislante o moqueta vieja. Atrape la parte superior del revestimiento bajo la última fila de ladrillos o una hilera de piedras colocadas en sentido contrario. Los depósitos de hormigón se construyen mejor con ladrillo recubierto por dentro de mortero impermeable y acabado con una o dos capas de sellador.

UN ESTANQUE EN UN RECIPIENTE

Se puede construir un pequeño estanque llenando un recipiente estanco, lo cual es ideal para espacios reducidos tales como balcones, donde pueden constituir unos elementos especiales para un disfrute más íntimo. Puede emplearse, por ejemplo, un atractivo barreño, en el que flotan flores o aceites fragantes, situado cerca de donde se sienta habitualmente, o una jardinera de madera que albergue unos nenúfares enanos. Éste puede ser su único estanque o puede disponer varios en sus lugares favoritos; los detalles de agua rara vez resultan repetitivos o aburridos.

A menos que se encuentre semioculto tras la vegetación, elija un recipiente atractivo incluso cuando esté vacío. Asegúrese de que es estanco e impermeable. Si desea

Casi tan llamativo como la columna de agua brillante, el anturio (*Anthurium andreanum*) [izquierda] es una exótica planta hidrófila, idónea para estanques de interior. La cala o lirio de agua (*Zantedeschia aethiopica*), [véase pág. siguiente, superior], es una hermosa planta para márgenes resistente si dispone de 15 centímetros de agua, mientras que el trébol de agua (*Menyanthes trifoliata*) [véase pág. siguiente, inferior] se extiende sin interrupción en las aguas menos profundas.

No subestime el potencial de otros recipientes desechados, que se pueden reciclar o adaptar para que puedan contener agua.

Las cisternas de zinc o de cobre y los depósitos de agua caliente son ideales para un jardín moderno (pero no ponga peces donde puedan tener contacto con el cobre), o se pueden cubrir de ladrillo como los depósitos de riego tradicionales de invernadero. Un viejo lavabo vidriado puede ser también un excelente estanque para unos nenúfares enanos, sobre todo si se disimula su aspecto doméstico con una capa de hipertufa: una mezcla de mortero compuesta de 2 partes de turba o sucedáneo de turba, 1 parte de arena y 1 parte de cemento que se aplica sobre una pegajosa capa imprimadora de cola vinílica (PVA).

ACONDICIONAMIENTO DEL ESTANQUE

Bordes

Los estanques a nivel del suelo necesitan algún tipo de borde que les proporcione un marco acabado, oculte el borde del revestimiento y garantice un acceso seco para los pies calzados. Es importante destacar que los materiales que elija deberían tener relación con el estilo del estanque y sus alrededores.

poner plantas acuáticas, deberá tener como mínimo una capacidad de 27 litros, pero otros recipientes más pequeños resultarán ideales para baños de pájaros, velas flotantes, o para formar una alfombra verde de diminutas plantas de estanque como la lenteja de agua (*Lemma minor*) o el helecho de agua (*Azolla filiculoides*).

Para disponer de un elemento duradero, puede chamuscar los recipientes de madera con un soplete si son estancos, o bien forrarlos con una capa de plástico asegurada cerca del borde, si no lo son. Los abrevaderos y barriles de madera usados, pensados para contener líquidos, estarán fabricados de paneles unidos con gran hermeticidad: el llenado de uno de estos recipientes con agua debería hacer que la madera se dilatara y sellara las juntas.

Plantas para estanques diminutos

Existen muchas especies que no son invasivas y son de lento crecimiento por naturaleza; entre ellas están la cala de agua (*Calla palustris*), las colas de caballo (*Equisetum arvense* y *Equisetum variegatum*), el junco fino (*Juncus effusus* «Spiralis»), el trébol de agua (*Menyanthes trifoliata*), la espadaña enana (*Typha minima*) y los nenúfares más pequeños: *Nymphaea* «Aurora», *N.* «Graziella», *N.* «Odoratta Minor», *N.* «Pygmaea Alba» y *N. tetragona*.

Plantas para estanques de interior

Las plantas acuáticas y de orilla termófilas normalmente cultivadas sólo en el exterior en verano se pueden hibernar o conservar durante todo el año en un jardín acuático interior. Ejemplos de ellas son el papiro (*Cyperus*), el loto (*Nelumbo*), la lechuga de agua (*Pistia stratiotes*) y el jacinto de agua (*Eicchornia crassipes*). Plantas de interior comunes como las alocasias, los anturios, la monstera, la pilea, el ave del paraíso (*Strelitzia*), las calas y muchos helechos se desarrollan muy bien cerca del agua y pueden conferir al estanque un aspecto tropical.

Si se dispone de espacio
y recursos suficientes, el
agua se puede controlar
con una serie de accesorios
paisajísticos tales como un
sendero elevado de grava
y ladrillo (derecha, superior),
un pavimento de piedra
y unas elevaciones rocosas
en un espectacular jardín de
roca (derecha, inferior), o bien
una plataforma de madera
lo bastante grande como
para formar un patio al lado
del agua.

Pavimento Las losas, las baldosas y los ladrillos son adecuados para estanques formales. Deberán asegurarse siempre con mortero por razones de seguridad, con todas las uniones más o menos espaciadas y enlechadas. Cuando realice el hoyo para la construcción del estanque, excave una repisa poco profunda a lo largo de todo el perímetro para que el pavimento se asiente a ras del suelo.

Rocas Algunas partes de los márgenes de un estanque informal se pueden bordear con rocas naturales o artificiales para crear cierto ambiente, ocultar bombas y tuberías de agua o hacer una rocalla o una cascada. Asegúrelos bien con mortero, formando grupos naturales.

Césped Crea un borde adecuado para los estanques informales. Utilice una pala rectangular para separar el tapete existente en las orillas cuando vaya a excavar el hoyo para el estanque, de manera que más tarde se pueda desenrollar sobre el borde del revestimiento, o coloque encima de él una capa nueva si no existía ninguna. Cuando siegue el césped, trate de impedir que los restos caigan al agua y la contaminen.

Entarimado Tanto los estanques formales como los informales se pueden rodear con un paseo hecho de tarima de madera si ésta se instala de forma segura sobre fuertes puntales o soportes de madera, o sobre unos bloques de hormigón firmemente asentados. Asegúrese de que la superficie no resulta resbaladiza con las algas.

Plantas Del mismo modo que las especies acuáticas y de orilla que normalmente crecen en la repisa del estanque (*véase* pág. 101), también existe una rica variedad de

La iluminación artificial aprovecha aquí las cualidades reflectantes del agua para lograr un efecto mágico, bien sea instalada de forma oculta en forma de focos permanentes proyectados hacia unos elementos concretos (izquierda) o colocada para la ocasión en forma de velas de exterior (derecha).

plantas hidrófilas que se desarrollan en los bordes húmedos, donde ocultarán el revestimiento y estabilizarán las orillas con sus raíces. Donde el suelo esté más seco, cualquier planta de jardín suavizará el aspecto del margen del estanque y se reflejará en la superficie.

Iluminación

La iluminación artificial puede acentuar el impacto del agua, prolongar su atractivo cuando ya está bien entrada la noche y aportar un aire de misterio o festivo al entorno dependiendo de la forma en que se disponga. Se puede elegir entre gran variedad de luces:

Los focos se pueden colocar dentro o alrededor del estanque. Algunos tienen un pie en punta para clavarlos en el suelo; otros pueden ser flotantes o se sujetan a las paredes, se enfocan hacia objetivos concretos o se colocan para iluminar el agua de formas sutiles.

Los proyectores son menos excluyentes e iluminan áreas más amplias. Son muy efectivos bajo el agua, sobre todo si se fijan justo debajo de la superficie. Se pueden comprar surtidores con focos o proyectores incorporados, a menudo multicolores y con una unidad de interruptores para cambiar los colores automáticamente.

El agua y la luz se combinan bien, pero el agua y la electricidad no. La combinación puede ser letal si no se siguen meticulosamente las instrucciones de seguridad. Si

Islas

Si el estanque es lo bastante grande, podría considerar la posibilidad de construir una sencilla isla a la que se pudiera acceder mediante una serie de pilotes o por medio de un puente (*véase* pág. 83); también puede añadir un detalle natural al que sólo se acceda para sus cuidados anuales. Puede dejar un área sin excavar, y recubrirla con un revestimiento a medida, o puede construirla encima del revestimiento elevando una pequeña zona con bolsas de arena, sacos tejidos completamente llenos de tierra o bloques unidos con mortero, y llenando la cavidad que forman con tierra fértil.

Luego puede cubrir la superficie con césped, o pavimentarla, o sembrar una mezcla de flores silvestres de jardín de escaso mantenimiento, según desee.

hay ya un suministro eléctrico instalado en el exterior para el elemento de agua, puede ser fácil añadir unos cables para las luces; de no ser así, consulte a un electricista.

Introducción de peces

Estas fascinantes criaturas aportan color y animación a un estanque. Se integran bien en la mayoría de los estilos y resultan particularmente atractivos en estanques formales. Pero, en un estanque para vida animal, se alimentarán de toda una variedad de criaturas acuáticas, por lo que será mejor mantenerlos en una sección aparte para que se puedan desarrollar otras formas de vida.

Los peces de colores comunes suelen ser los menos exigentes y más exitosos, y tolerarán aguas relativamente

La fresca y tranquilizadora presencia del agua de estanque, así como su superficie especular, se hallan aquí en una simple cisterna de piedra con una o dos plantas flotantes y un pequeñ conjunto de peces de llamativos colores.

frías o poco profundas. Las especies más exóticas tendrán que hibernar en el interior. Las carpas orfe y koi necesitan estanques de mayor tamaño y profundidad, con abundancia de plantas oxigenantes (*véase* pág. 96). Si el estanque está pensado principalmente para albergar peces consulte, en una etapa temprana del proyecto, con un distribuidor y él podrá ayudarle a conseguir las condiciones ideales.

Espere al menos seis semanas (e incluso un año en estanques de hormigón sin sellar) una vez llenado el estanque, para dejar que el agua se estabilice y se disperse cualquier coloración verde.

Utilice un sencillo equipo de comprobación de pH para determinar si el agua es excesivamente ácida –a causa de la materia vegetal en descomposición y del agua que pueda entrar desde el entorno– o alcalina –debido al hormigón sin sellar o a rocas calizas. Se puede añadir al agua un agente tamponador para ajustar las lecturas.

Deje que las nuevas plantas se asienten y establezcan antes de introducir peces, ya que los peces carroñeros pueden estropearlas o desarraigarlas. Cubra las cestas con un manto de grava para proteger el compost.

Introduzca los peces nuevos gradualmente. Primero déjelos flotar en su bolsa sobre la superficie y, después, añada un poco de agua del estanque al contendido de la bolsa dos o tres veces cada diez minutos antes de, finalmente, dejarlos nadar libremente.

Preparación de un estanque para vida animal

Poco después de su finalización, verá aparecer los primeros animales, por lo general una de las variedades de escarabajo que normalmente vuelan de aquí para allá en busca de nuevo territorio. Si el estanque está pensado para la vida animal, existen varias formas de hacerlo más acogedor.

Añada barro Es importante para distintas criaturas que se alimentan o pasan algunas etapas de su ciclo vital bajo el agua. Extienda en el fondo una capa de tierra de 10 centímetros de grosor antes de llenar el estanque con cuidado por primera vez.

Añada organismos salvajes Un pequeño recipiente de agua procedente de una charca o arroyo natural contendrá, por lo general, gran variedad de organismos vivos, sobre todo si recoge también un poquito del sedimento acumulado en el fondo. No desplace criaturas mayores, como pueden ser huevos de rana, de su lugar natural.

Plante sus especies favoritas Una serie de plantas silvestres embellecerán el estanque sin crear una vegetación descontrolada. Añada plantas de jardín que tengan una forma aplanada, como los sedos, la milenrama y los crisantemos.

Proporcione zonas de amortiguación Unas áreas de gramíneas y arbustos cerca del agua pueden ofrecer cobijo y alimento a diversas especies de animales y ayudar a que el estanque se fusione con el entorno.

3

AGUA en MOVIMIENTO

El agua en movimiento posee una fascinación muy
particular. Con sólo pulsar un interruptor, un
montaje acuático bien planeado cobrará vida
y animará el entorno más árido con luz y música,
e incluso la conducción del agua de lluvia puede
añadir una nota de improvisado encanto a un día
gris. Los principios son simples y las reglas
escasas, pero los resultados pueden aportar
magia al jardín.

El agua confiere vitalidad al jardín independientemente de su escala, bien en forma de un modesto chorro que cae desde un caño de bambú, para alimentar un estanque improvisado y un jardín pantanoso (páginas anteriores), o bien como un arroyo plácido y natural que fluye sobre un lecho rocoso, completado con unas orillas densamente pobladas de vegetación y esculturas de animales (izquierda).

Un arroyo que fluye o una cascada poseen un carácter propio distinto del de un estanque de agua tranquila, y requieren un enfoque y un tratamiento diferentes. El agua en movimiento, por ejemplo, ha de tener un origen y un destino, y para hacerla fluir del uno al otro se necesita extraerla de un curso de agua existente o construir un circuito cerrado impulsado por una bomba.

GESTIÓN DE FUENTES NATURALES

El hecho de disponer de un arroyo que fluye a través del jardín constituye un motivo de júbilo, ya que le ahorra el trabajo de construir un gradiente artificial y un sistema de tuberías, además de la instalación de una bomba de agua y su correspondiente instalación eléctrica.

Puede dejar el arroyo como está y centrar su atención en adaptar y plantar las orillas con especies hidrófilas, o modificar el curso del agua, tal vez excavando un estanque colector a modo de pantano para alimentar otros elementos acuáticos o construyendo una cascada en su cauce.

Los arroyos naturales, sin embargo, fluctúan con las estaciones y habrá de tener en cuenta en sus planes la posibilidad de que el caudal disminuya en verano o de que exista una repentina subida después de la lluvia. También tendrá que contactar con las autoridades locales si se propone extraer agua del arroyo o alterar de alguna manera el volumen de agua que fluye normalmente desde su propiedad.

BOMBEO DE AGUA

Unas instalaciones artificiales de agua en movimiento requieren una bomba hidráulica y una instalación eléctrica.

Los arroyos, las cascadas y otros elementos de mayor tamaño necesitan también una pendiente por la que fluir y una tubería de alimentación hasta el punto más elevado del curso.

Bombas

Los elementos de agua en circulación son impulsados por una bomba. La bomba arrastra el agua a través de una entrada con filtro y luego la expulsa a presión por una salida ajustable. Esta salida se puede acoplar directamente a un montaje de surtidor o géiser, o al extremo de una tubería de alimentación si el agua va a recorrer cierta distancia. Existen dos clases de bombas:

Modelos de superficie Son potentes y mueven grandes volúmenes de agua, pero tienden a ser ruidosas y necesitan guardarse en una cámara especial seca y ventilada. Ésta se puede construir por debajo o por encima del nivel del agua; si es por encima, el conducto de entrada debe estar provisto de una válvula de pie para mantener la bomba cebada (llena de agua).

Bombas sumergibles Son autocebadoras, de funcionamiento silencioso, relativamente económicas de adquirir y fáciles de instalar, lo cual hace de ellas la mejor

Capacidad de la bomba

Las bombas se clasifican según la cantidad de agua que pueden mover por minuto o por hora. Para calcular el tamaño necesario, tendrá que:

- Medir la longitud, la profundidad y la anchura aproximadas de su curso de agua o canal.
- Multiplicar las tres cifras para obtener un volumen de agua estimado.
- Decidir si desea un torrente o sólo un chorro: si el volumen es de 500 litros, el agua circulará cada diez minutos por medio de una bomba de 50 litros por minuto, o tardará casi una hora con un modelo de 10 litros por minuto.
- Medir la distancia vertical entre la parte más alta y más baja del curso de agua, ya que las bombas se clasifican también según la altura a la que pueden elevar el agua.
- La velocidad se ajusta de acuerdo con el tamaño y configuración del lecho del arroyo (*véase* pág. 69).

elección para la mayoría de los esquemas domésticos. Se instalan bajo el agua en un estanque colector al pie de las pendientes por donde fluye el agua o debajo de montajes como los surtidores.

Suministro eléctrico

Algunas bombas de gran tamaño funcionan mediante generadores alimentados con gasolina o gasóleo, pero la mayoría de los modelos de jardín utilizan la electricidad. Las

El agua que fluye necesita una ruta controlada a través del jardín en un estilo adecuado al entorno, como puede ser en forma de meandros, como en un arroyo de estilo natural, o, como aquí, sólidamente conducida en un paisaje formal.

más pequeñas pueden funcionar con una corriente de bajo voltaje (normalmente de 12 a 24 voltios), suministrada a través de un transformador, que está conectado a la corriente general, o bien mediante una extensión adecuada desde el interior de la casa, para un uso ocasional (*véase* Capítulo 2), o bien directamente a una toma de corriente impermeable con un disyuntor.

La mayoría de los modelos funcionan directamente con la corriente general, lo que puede suponer la instalación de un nuevo circuito y conexión a la unidad de corriente del consumidor. Se trata de un trabajo para un electricista profesional, quien también proveerá los componentes esenciales, tales como cable blindado y tubo enterrado donde sea necesario. Si instala el cableado usted mismo, deberá ser comprobado y aprobado, una vez terminado, por un electricista.

Algunas bombas adecuadas para elementos de burbujas y fuentes de piedra de molino o caños de pared funcionan con energía solar, una opción simple y sostenible que evita la necesidad de instalar cableado y un circuito externo de corriente. La energía de la luz solar se almacena en un pequeño panel colocado sin que moleste en un lugar soleado del jardín, y éste la convierte en electricidad. Algunos elementos son de impulso directo y sólo funcionan con la luz del sol, pero otros pueden almacenar la energía en baterías para poder utilizarla más tarde.

61

PENDIENTES

El agua corre pendiente abajo y la velocidad de la corriente depende del grado de inclinación de la cuesta; un río joven desciende de forma precipitada pendiente abajo, pero se hace más lento en la madurez, cuando alcanza niveles inferiores. Para fines prácticos, el grado de inclinación general de un curso de agua debería ser de diez a treinta grados por encima de la horizontal. Planifique el cauce de manera que albergue variaciones naturales, con pozas, zonas de cascada escarpadas o descensos bruscos separados por intervalos casi uniformes con meandros lisos y suaves.

A la hora de planificar las pendientes, intente aprovechar cualquier desnivel existente para evitar movimientos de tierra innecesarios, y recuerde que es preciso observar una escala: unos esquemas ambiciosos pueden dominar sobre el resto del jardín, aumentar su presupuesto y exigir grandes volúmenes de agua y potentes bombas. Una corriente de agua suave y sencilla, tal vez dispuesta para que penetre entre un tramo de rocas o de grava y después caiga desde cierta altura hasta una pequeña charca, puede también proporcionar mucho movimiento y resonancia.

El suministro de agua

El agua se bombea desde el estanque o depósito principal, en el punto más bajo de su curso, hasta su origen mediante una manguera de alimentación cuya longitud y altura condicionará la elección de la bomba. Si se dispone la manguera para que vaya directamente desde el estanque hasta el origen, en lugar de discurrir al lado de un curso de agua sinuoso, se puede reducir su longitud y, con ello, las exigencias a la bomba.

Un canal de agua que fluye lentamente, sin decoración alguna, anima y rompe la monotonía de este patio pavimentado, y se puede alimentar con agua de lluvia conducida desde los canalones del tejado.

El recorrido de la manguera normalmente queda oculto a la vista, por detrás de las rocas y plantas o enterrada bajo tierra. Su boca puede también hallarse camuflada por encima de tierra (en cuyo caso, una salida subacuática puede extraer el contenido de un estanque colector) o se puede acoplar para alimentar una fuente de agua más formal, como puede ser una vasija o una estatua.

El depósito que se halla en la parte baja, junto con cualquier estanque colector, debería ser lo bastante grande como para impedir un descenso notable del nivel cuando la bomba comienza a funcionar, así como para evitar que se tenga que rellenar en tiempo de calor. Para la mayoría de los esquemas, una simple cisterna de plástico cuadrada de entre 38 y 45 centímetros de anchura y profundidad será suficiente como depósito.

ELECCIÓN DE ESTILO

Existen pocas limitaciones que afecten a la planificación de un elemento de agua en movimiento, sobre todo si lo hace con un revestimiento flexible o de hormigón; éstos permiten mayor libertad y espontaneidad que la limitada gama de unidades prefabricadas (*véase* pág. 67). Será necesario tener en cuenta el espacio disponible y, hasta cierto punto, los desniveles del terreno, y debería también distinguir entre estilos formales y naturales.

Empleo de un filtro

La mayoría de las bombas contienen un filtro de esponja, que es suficiente para circuitos menores, pero, donde se mueven grandes volúmenes de agua, es aconsejable instalar un filtro externo para proteger la bomba contra materia perniciosa y mantener el agua clara, sobre todo si alberga peces. El filtro se acopla a la entrada de la bomba, puede ser mecánico, y conduce el agua a través de un material inerte, como la grava o el carbón vegetal, o biológico, que contiene una población de bacterias que descomponen los residuos atrapados. Las unidades de filtración se clasifican según la cantidad de agua que pueden manejar; debería optar por un modelo que pueda procesar al menos la mitad del volumen de agua de su sistema por hora.

Arroyos formales

Igual que los diseños de estanques (*véase* pág. 32),
los arroyos son geométricos de forma y distribución, y a
menudo son más atractivos si armonizan con el estilo
y los materiales de su entorno. Ejemplos de cursos
de agua formales son los canalillos, que son estrechos
canales, normalmente rectos o con formas elegantes,
y que están construidos casi al nivel del suelo, de tal
manera que una película de agua tan apenas profunda
(entre 2,5 y 4 centímetros) fluye lenta y pacíficamente.
Los canales son cauces más profundos (de hasta
30 centímetros de profundidad, pero también lo bastante
estrechos como para poder pasar por encima) a ras
del suelo o sobre un murete bajo con una pendiente
suave.

Arroyos naturales

Resultan más difíciles de diseñar para no parecer artificiales.
El curso de un arroyo natural no es recto ni simétrico (a
menos que discurra de forma subterránea), ni tampoco
excesivamente sinuoso o elaborado. El agua que fluye
erosiona los lados del cauce, lo que suaviza ángulos
incómodos y contornos regulares, y es preciso que su
diseño reproduzca este aspecto y simule que el agua se ha
abierto camino a través del jardín. Recuerde la afinidad
entre el agua, la piedra y las plantas: los márgenes de los
arroyos están siempre húmedos e incluso el diseño
más modesto se fusionará convincentemente con su
entorno si introduce en el paisaje rocas de orilla y plantas
de terreno húmedo. Una pendiente regular se puede
romper con unas pozas o unas cascadas intermedias si
éstas ofrecen el aspecto apropiado.

Simple y, sin embargo, efectivo, este fino canal que corta en paralelo una exuberante alfombra de cubierta vegetal se ha llenado con un agua que puede estar en calma o ser suavemente propulsada por una pequeña bomba sumergida.

PREPARACIÓN DEL LUGAR

Marque el curso del mismo modo que señaló el contorno del estanque (*véase* pág. 37), es decir, con niveles si el descenso es imperceptible, y después empiece a cavar en el punto más bajo para hacer el hoyo destinado a albergar el estanque colector. Utilice la tierra extraída de él para crear un desnivel o una cuesta con el fin de acentuar la pendiente, si es necesario; si no lo es, resérvela para resaltar y modelar paisajísticamente las orillas.

Continúe excavando y construyendo todo el curso. Asegúrese de que la cavidad sea lo bastante profunda como para acomodar cualquier cimiento o estructura subyacente esencial, dependiendo del material de construcción que decida emplear (*véase* inferior). Compruebe la caída de cada tramo con un tablón y un nivel. Esto es especialmente importante donde se necesita una pendiente suave, pero ininterrumpida. Compruebe, asimismo, los niveles de un lado al otro con el fin de asegurarse de evitar una pérdida de agua lateral.

CONSTRUCCIÓN DEL CAUCE

Los materiales empleados para construir estanques son también apropiados para los cursos de agua, a excepción de la arcilla, que se erosiona con demasiada facilidad y es difícil de impermeabilizar.

Revestimiento flexible

Se puede adaptar a casi todos los diseños, ya sean formales o naturalistas. La cantidad precisada se calcula de la misma manera que en el caso del estanque (*véase* pág. 40), dejando un margen de 8 centímetros como mínimo a lo largo de cada lado para crear lechos de plantación dentro de las orillas. Si utiliza más de una tira de material, tendrán que estar solapadas entre sí unos 8 centímetros si las piezas se unen con un adhesivo de tipo Mastic, o al menos 15 centímetros si no se pegan.

Excave el canal, con una holgura de 2,5 centímetros para permitir la instalación de una capa de fieltro o de aislante de tejados de 5 centímetros si está utilizando arena blanda. Extraiga también suficiente tierra a lo largo de los lados si piensa incluir un borde formal, con su superficie acabada, a nivel del suelo.

Retire todas las piedras grandes o afiladas, extienda uniformemente la capa subyacente y, después, comience a colocar el revestimiento desde el fondo hacia arriba. Alíselo bien para afirmarlo en su sitio y sujete los bordes sobre las orillas con unas cuantas piedras. Seguidamente, solape la siguiente tira sobre la parte inferior de la primera y continúe fijándola hasta alcanzar la otra orilla.

Compruebe la superficie y la pendiente haciendo fluir un poco de agua desde la parte superior del cauce. Si está satisfecho, entierre los bordes con tierra, piedras o tapete de hierba. El lecho de los cursos formales y de suave pendiente se puede cubrir de grava, guijarros o pizarra para ocultar el revestimiento, y añadir piedras más grandes para controlar el flujo (*véase* pág. 69).

Con cierto ingenio, la inevitable pendiente del agua se puede modelar para crear elementos imaginativos como este canal de cemento y piedras que se abre camino a través de un pavimento de losas regulares (izquierda) o de una pendiente de diferentes niveles como si se tratara de una catarata (derecha).

Hormigón

El hormigón es un material excelente para crear lechos de arroyo y no necesita un acabado liso; con la erosión, las áreas toscamente esculpidas se fusionan con el paisaje adquiriendo un aspecto natural. Se debe limitar la pendiente de las orillas a unos 45° o menos para impedir que la mezcla se deslice y caiga cuando aún está húmeda, o, si prefiere que los lados sean más escarpados, puede emplear encofrado para sostenerla hasta que se haya solidificado.

Al excavar el cauce, añada unos 15 centímetros más de profundidad a lo que serán las dimensiones acabadas, y extienda un lecho de arena de construcción, de 5 a 8 centímetros de grosor, por encima del área.

Comience a poner el hormigón desde un extremo; para ello, vacíe la mezcla sobre el fondo del cauce y extiéndala con una llana orillas arriba, de manera que quede una capa de 8 centímetros de grosor en la superficie.

Espere unas cuantas horas a que la mezcla se solidifique y, entonces, añada, si lo desea, las piedras o grava y presiónelas contra la superficie lo suficiente como para que se queden fijas en ella.

Proteja la superficie de la lluvia y del sol intenso, y déjela reposar de diez a catorce días para que se endurezca.

Acabe los bordes con tierra o césped. Empape bien el
arroyo con una manguera antes de añadir plantas.

Unidades prefabricadas

Se trata de secciones modulares rígidas fabricadas en
plástico o fibra de vidrio, y pueden acabarse con una amplia
variedad de texturas en la superficie para que parezcan más
naturales. Aunque su aspecto siga siendo artificial, sus
duros contornos se pueden atenuar con rocas o plantas
para márgenes, así como con una capa de grava
sumergida para sugerir un verdadero lecho de arroyo.
Normalmente se venden en prácticas medidas de
longitud, diseñadas para solaparse entre sí o enlazar
con estanques intermedios para un recorrido más largo.

Marque el curso del arroyo utilizando dichas unidades
como plantillas (*véase* pág. 40).

Excave el cauce, unos 8 centímetros más profundo
y 15 centímetros más ancho que las unidades de
revestimiento con el fin de dejar espacio para albergar
la capa subyacente.

Extienda una capa de arena de construcción, de
3 centímetros de grosor, sobre el suelo y los lados
del cauce; utilice material aislante de tejado en lugar de
arena para los lados más inclinados.

Empezando desde el fondo, coloque la unidad de
revestimiento sobre la capa subyacente y asegúrese
de que está firme y nivelada de uno al otro lado; añada o
retire arena para ajustarlo hasta que encaje
satisfactoriamente. Compruebe que los solapados encajan
perfectamente a medida que avanza.

Rellene cualquier espacio que quede a los lados con
tierra fina y suelta, y presiónela para que quede compacta.
Compruebe una vez más los niveles y, después, deje correr

Izquierda Unos grandes volúmenes de agua que se precipitan por una compleja serie de salientes de piedra pueden proporcionar el entorno constantemente húmedo que es necesario para mantener una colección de plantas tan exuberante.

Derecha Incluso la salida de un desagüe de terreno convencional se puede incorporar en un plan de jardín para refrescar los alrededores con su sonido y humedad.

un poco de agua desde la parte de arriba para dar su aprobación a la corriente antes de acabar y trabajar para que los bordes resulten naturales.

SALTOS DE AGUA

Los saltos de agua poseen una fascinación única y son unos grandes favoritos tanto para incluirse en cualquier curso de agua como en forma de alegres elementos individuales por derecho propio. Dependiendo del volumen de agua y de la altura desde la que ésta cae, se puede conseguir un relajante susurro o una catarata a pleno pulmón. Tenga cuidado con no entusiasmarse demasiado; las caídas de agua pueden ser reiterativas y distraer, y es posible que no le agrade tener siempre presente en todas partes el ruido de un maremoto, aunque resulte una forma eficaz de eclipsar otros ruidos indeseados, como el zumbido del continuo tráfico.

Un salto de agua puede consistir en un simple saliente de cualquier altura o anchura que sea apropiado para el estilo y la pendiente del lugar, o en una cascada que comprenda una serie de pequeños saltos escalonados donde el agua sólo cae desde una escasa distancia de uno a otro. Gran parte del impacto de un salto de agua depende del saliente o repisa desde los que el agua se precipita; si se deja que

Ajustar la velocidad

Tanto la medida de la bomba como la profundidad del arroyo influyen en la corriente del agua. Si se reduce su profundidad o su anchura se duplicará la velocidad del agua. Para ello, utilice grava en el fondo y piedras en ambas orillas para ajustar el flujo. Si se colocan algunas piedras en el punto medio de la orilla, se tendrá la impresión de una mayor velocidad. Elija piedras lisas y redondas en las zonas en las que estén en contacto con algún material o fíjelas de manera segura con cemento.

Calcule el tamaño

- Para un salto convincente, una bomba tendrá que mover unos 270 litros de agua por hora por cada 2,5 centímetros de anchura de saliente.
- Para obtener los mejores resultados en jardines de tamaño medio, reduzca la distancia que separa las partes superior e inferior del sistema a unos 90 centímetros, la anchura de los salientes a 15 centímetros y la caída en cada nivel entre 10 y 30 centímetros.

---

caiga sobre un estanque situado más abajo, amplificará el sonido y el movimiento, mientras que reducir la altura suavizará el efecto. Sin ningún saliente, el agua se derramará por el borde casi en complemento silencio. La anchura del saliente puede influir de forma crucial en la intensidad de la corriente y, con ello, en el tamaño de la bomba (*véase* recuadro).

Para los saltos de agua se pueden usar los mismos materiales de construcción que para los arroyos.

El hormigón se esculpe con facilidad en formas libres aleatorias, hecho que ofrece la oportunidad de plantar de forma permanente en piedras y repisas. Los revestimientos flexibles se amoldan con facilidad a los diseños naturales, pero es preciso instalar las repisas con cuidado, o bien moldeando la tierra y colocando una capa subyacente para ajustar la forma, o bien envolviendo con revestimiento algunas rocas redondas o madera tratada para crear unos estantes perfectamente definidos.

Se pueden adquirir unidades de revestimiento prefabricadas para construir un sistema completo de estanque colector,

unos módulos de cascada concatenados, así como una cuenca de captación al pie de todo el conjunto.

SURTIDORES

Un surtidor animará cualquier clase de estanque –formal o informal– y también puede constituir un pequeño elemento independiente con el que introducir agua en movimiento, en lo que de otro modo sería un diseño de jardín seco, o incluso en el interior. Cualquier tipo de surtidor consiste en los mismos componentes básicos: una unidad de cabeza que incluye el chorro seleccionado (a menudo ajustable), una bomba eléctrica que, por lo general, se acopla directamente a la base de la unidad de cabeza, y un depósito o cisterna en el que está sumergida la bomba.

Los tipos varían desde centros esculpidos y ostentosos y elaborados racimos de plumas ornamentales, que añaden pompa a un estanque grande, hasta la más diminuta fuente que cabe perfectamente en un tiesto, jardinera o lecho de guijarros. Elija uno que armonice con su entorno. Lo ideal es colocarlo solo ya que, a diferencia de otros elementos de agua, que necesitan fusionarse cómodamente con su entorno, un surtidor es un punto focal diseñado para actuar como centro en sí mismo.

La mayoría de los surtidores funcionan verticalmente, proyectando el agua hacia arriba con una fuerza variable, pero el mismo principio mecánico se puede adaptar a un chorro de pared (que es, posiblemente, el elemento de agua más seguro donde pueda haber niños jugando). En su forma más sencilla, la bomba se asienta en un depósito por encima o por debajo del suelo e impulsa el agua hacia arriba, por una tubería de alimentación, hasta el orificio de salida, donde puede haber un grifo, una gárgola o algún

Un surtidor de burbujas es un mecanismo seguro y seductor para introducir movimiento de agua, sobre todo cuando aparece multiplicado, como aquí, para formar un elemento ornamental de mayor importancia.

ornamento similar, y de allí cae de nuevo al depósito a través de una reja que, a menudo, está disimulada con guijarros.

Principios de diseño

Un elemento pequeño, como un surtidor de burbujas, necesitará, normalmente, un caudal de agua de unos 450 litros por hora. Una fuente-surtidor precisará como mínimo 675 litros por hora.

Conserve un sentido de la proporción y ajuste la altura de la aspersión de una fuente a menos de la mitad de la anchura del estanque de base.

El flujo de agua aumentará si utliza unas tuberías de alimentación lo más cortas, rectas y anchas posible.

Otros elementos de menor tamaño funcionan sin ningún problema con bombas de bajo voltaje, una opción útil y segura.

Unos chorros amplios llaman más la atención que una aspersión muy fina, sobre todo si se iluminan desde la parte posterior para resaltar su embrujo.

Recuerde que pocas plantas aprecian el hecho de ser constantemente salpicadas, mientras que los peces, sin embargo, se benefician de la turbulencia, ya que aporta oxígeno extra al agua.

Cómo se construye un surtidor de burbujas

Las fuentes de piedra molinera, guijarros y burbujas son todas ellas variaciones del mismo método empleado para la

Una pequeña bomba sumergida y un depósito son suficientes para hacer funcionar un surtidor de burbujas, que se puede incorporar en toda una variedad de atractivos ornamentos de jardín, como puede ser una clásica esfera de piedra (izquierda) o una urna de terracota (derecha), que cambian los colores y texturas con una película constante de agua en movimiento.

construcción de un elemento pequeño independiente, que se vale de una bomba sumergida en un depósito de agua que, a su vez, puede estar enterrado o colocado por encima del suelo. Dicho depósito puede consistir en una cámara construida a propósito para ese fin, una cisterna, medio barril o bidón, o un agujero circular excavado en el suelo y revestido con un forro flexible.

Excave un agujero lo bastante grande como para albergar el depósito a ras del suelo, o uno de unos 90 centímetros de anchura por 60 centímetros de profundidad en el caso de emplear un revestimiento flexible.

Coloque el depósito o revestimiento en su lugar e instale una bomba eléctrica en el suelo de la cámara. Elija sin esfuerzo unos 450 litros por hora.

Utilice un panel de malla metálica resistente para cubrir la cámara, sostenido sobre unos listones de madera tratada y colocados al través en las cavidades más grandes. Alimente el cable de la bomba y el tubo de alimentación a través de la malla.

Acople la cabeza del surtidor al tubo de alimentación justo por encima de la malla y, después, cúbralo todo con guijarros o con otro material de camuflaje que resulte atractivo. Si va a instalar una piedra de molino, asegúrese de sostener concienzudamente su importante peso: colóquela sobre unos pilares de ladrillo o de bloque

Los jardineros tienen la suerte de que materiales tan esenciales como el agua y el follaje armonizan con facilidad en los diseños, con toda clase de elementos paisajísticos duros como la piedra, la alfarería, el acero inoxidable y la cerámica.

Plantas para zonas con salpicaduras

El área que rodea a un salto de agua resulta inhóspita para la mayoría de las plantas de flor porque el polen resulta dañado con facilidad debido al agua, al igual que muchas clases de follaje, si están expuestas de manera constante al efecto de la aspersión y del agua que cae. Entre las plantas que toleran estas condiciones se encuentran los musgos, que son especies típicas de los lugares húmedos capaces de fijar sus raíces en las resbaladizas rocas. Helechos tales como algunas formas de *Athyrium*, *Matteuccia*, *Onoclea*, *Pilularia*, *Salvinia* y *Thelypteris* viven óptimamente en medio de la neblina aspersora, del mismo modo que algunas plantas de hojas graminoides (monocotiledóneas) como las juncias, los juncos y las verdaderas especies de gramíneas como el algodón de los pantanos (*Eriophorum angustifolium*) y la mansiega (*Molinia caerulea* «Variegata»), que prefieren un suelo ácido o agua.

construidos dentro del depósito o cámara, o adapte un orificio en el suelo para incluir una repisa que recorra el perímetro de la misma con una anchura aproximada de 15 centímetros y una profundidad entre 8 y 10 centímetros.

Es importante asegurarse de que la piedra se asienta con perfecta horizontalidad y dejar un espacio de entre 2,5 y 5 centímetros en torno a su borde para que el agua se vierta de nuevo al interior del depósito.

JUGAR CON EL AGUA

Pocos son los que se pueden resistir al poder seductor del agua cuando cae ruidosamente sobre las piedras o desciende insinuante por un cauce que apenas ofrece obstáculos. Su carácter lúdico se puede captar en toda una gama de composiciones amenizadoras, o incluso excéntricas, que se utlizan como adiciones o como alternativas a las básicas instalaciones de estanques o arroyos. Recuerde tan sólo que su composición ha de tener una fuente, una salida y un sistema de contención eficaz para impedir que el agua se salga lateralmente y se pierda en el suelo, a menos que ésta se emplee para regar una ciénaga, un prado húmedo o un jardín pantanoso.

Se puede jugar con el agua, por ejemplo, si se conduce desde un canalón hasta un bajante que desagüe en un canal o una poza, o en una tolva que proporcione agua a la siguiente sección de drenaje. Si la salida se coloca a cierta distancia del punto de destino, el agua chapoteará o se precipitará desde la tubería con una cadencia que se puede ajustar dirigiéndola hacia una roca grande o hasta un receptáculo sonoro de metal. Como suministro de agua alternativo, dispóngalo de tal manera que ésta se

Unos cantos multicolores (izquierda) y unos fragmentos de pizarra (derecha) son dos de las muchas formas atractivas de agregado suelto que se pueden utilizar para ocultar la bomba y el depósito en el mecánico corazón de cualquier surtidor de jardín.

desborde de una tina para alimentar su sistema con un suplemento de agua de lluvia.

Un simple canal puede constituir una gran fuente de placer, y puede también ser estático –independiente y rellenado de vez en cuando con un cubo de agua limpia guardado en el interior de la casa– o avanzar plácidamente desde un extremo al otro, impulsado por una pequeña bomba sumergida. El canal podría fluir a través de un patio,

Tipos de chorro

- De aspersión: una simple ducha en forma de arco, desde uno o más chorros, que normalmente cae formando un círculo regular.
- En gradación: una aspersión compleja en varias capas que cae formando círculos concéntricos.
- De burbujas: una espuma desigual de agua agitada para surtidores de guijarros y piedras de molino.
- De géiser: un chorro de burbujas más poderoso que produce una columna de agua espumosa.
- De campana: un hemisferio casi invariable de agua que chisporrotea, pero raras veces salpica.
- De tulipán: una versión más sofisticada del chorro de campana con una columna o «tallo» bien definido.

Una pérgola de pilares laminados derrama en cascada el agua que es bombeada hacia arriba a lo largo de su parte central, o que resalta los ricos colores de la madera y de la piedra, al mismo tiempo que refresca la vegetación circundante con una fina lluvia de humedad.

A menudo, la opción lateral es la mejor

Existe una comprensible tentación de situar cualquier surtidor en el centro del estanque, pero, a menos que se pretenda hacer algo rigurosamente formal, puede proporcionar una sensación demasiado obvia y modificar la distribución del estanque, de modo que se reduzcan las posibilidades de poner plantas de superficie, la mayoría de las cuales pueden resultar dañadas si sus hojas están permanentemente mojadas. Situar el surtidor hacia un lado es una opción más imaginativa y dividirá el área en dos hábitats: una zona en calma y una zona salpicada.

como un canal de desagüe, o rodearlo como si fuese un collar de agua. Podría, asimismo, acompañar a un sendero jardín abajo o fluir por la parte superior de un murete como si se tratara de un remate fluido donde poder chapotear con los dedos.

RECIPIENTES

Los cuencos y barreños de cualquier clase confieren un toque oriental e, incluso aunque sean pequeños, podrán refrescar el aire con su humedad y sus iones negativos. Colóquelos junto a las entradas y verjas de jardín como cuencos para mojarse los dedos, e inmediatamente se ganarán la apreciación tanto de los pájaros como de los visitantes humanos. Donde un canalón de desagüe gotee o donde el agua chorree desde la parte superior de un muro, suspenda una cadena para que la guíe y rellene un barreño estratégicamente colocado debajo. Al anochecer, ponga unas velas flotantes para que brillen en el crepúsculo como si fueran luciérnagas.

Unos recipientes desechados también pueden convertirse en inspirados elementos acuáticos si los coloca sobre un depósito de bomba oculto: una regadera agujereada, una jarra de metal oxidada o un tiesto de flores inclinado se pueden colocar en el extremo de una tubería de alimentación, sellados completamente con silicona para que la conexión resulte estanca y dispuestos después con cierta inclinación para que viertan el agua de nuevo al depósito que se halla en la parte inferior. El agua se puede hacer llegar al recipiente desde arriba mediante unos tallos huecos de bambú, como en el clásico caño de agua o espantador de ciervos japonés (*shishi-odoshi*).

Un producto vegetal natural y muy asequible, como el bambú, posee un atractivo instantáneo y, previamente vaciado, constituye un conducto de alimentación de agua muy utilizado en la jardinería japonesa, por lo general en forma de un simple caño de agua que llena un recipiente de piedra o madera, como se hace patente en estos ejemplos.

Plantas para un elemento acuático de bambú

Los helechos, los bambúes pequeños, las gramíneas ornamentales, los juncos y las juncias ofrecen todos ellos un aspecto auténtico. Buenos ejemplos son las especies *Dryopteris affinis*, *Matteuccia struthiopteris*, *Fargesia murieliae* «Novocento» y *F. nitida*, *Pleioblastus auricormus* y *P. fortunei*, *Typha minima*, *Cyperus involucratus* «Nanus» y *Hakonechloa macra*.

ACCESORIOS

Una amplia variedad de elementos de agua secundarios se sugerirán por sí solos una vez que su diseño esté terminado y en marcha. Dos adiciones especialmente idóneas que se pueden modificar para adaptarse a la escala del curso de agua son las piedras para pisar y un puente.

Piedras para pisar

Estas piedras resultan una manera invitadora e ideal de cruzar un arroyo manteniendo un contacto más estrecho con el agua, pero es preciso seguir unas cuantas sencillas instrucciones. Para mayor seguridad, no las ubique

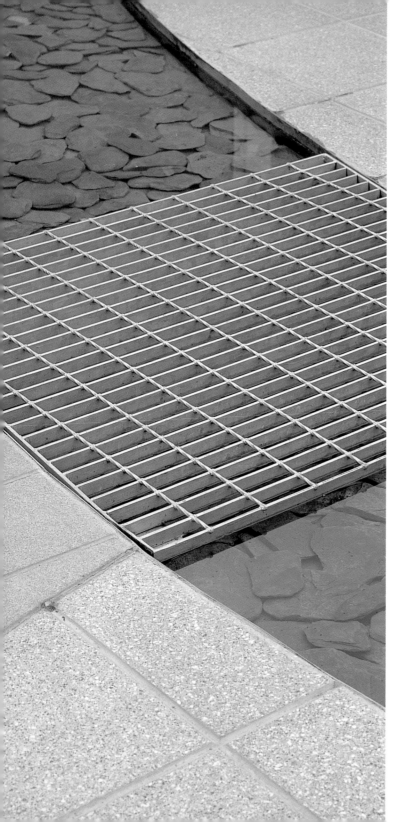

Cruzar una corriente de agua constituye una tentación compulsiva. Este enrejado de metal (izquierda) complementa los alrededores pavimentados y proporciona un paso seco y seguro, mientras que el más elaborado entarimado de madera de la página siguiente ofrece un lugar donde detenerse a mirar en las profundidades del estanque o jugar a lanzar palitos por un lado y ver cómo aparecen flotando por el otro lado conducidos por la corriente.

en aguas profundas; un cauce poco profundo también puede sugerir la misma sensación de aventura y crear fascinantes remolinos y crestas.

Colóquelas a intervalos no superiores a 50 centímetros entre sus centros, ya que esta medida resulta ideal para una zancada fácil.

Las piedras deberían tener como mínimo entre 38 y 40 centímetros de anchura y estar bien niveladas y resultar completamente estables.

Tanto el hormigón como la piedra y la madera tratada son adecuados para este fin. Cubra con malla metálica clavada las superficies de los pilotes de madera para que la pisada resulte firme.

Incruste piedras en el hormigón o sobre una capa de moqueta subyacente de doble o triple grosor, o eleve el material aislante para evitar que se dañen los revestimientos flexibles.

Puentes

Existen *kits* para puentes de madera de diversos tamaños que se pueden montar en casa, aunque también puede construir el suyo con materiales que se adapten al entorno; a menudo se trata del plan más satisfactorio para grandes arroyos. Una losa de piedra afianzada con mortero en ambos extremos o una tabla robusta de madera tratada, bien asegurada con estacas en cada orilla, son también con frecuencia medios adecuados. Las estructuras más elaboradas requieren una selección más detenida de acuerdo con la escala y el equilibrio del entorno.

4

LAS PLANTAS en un ESTANQUE

Las plantas son componentes esenciales de todos los estanques, salvo de los más pequeños y los más básicos o minimalistas. Tienen una influencia positiva en la calidad del agua, a la vez que añaden color, belleza y un aire de madurez a los nuevos estanques, ayudándoles a fusionarse fácilmente con el entorno. Algunas especies prefieren estar ligeramente sumergidas en agua, mientras que otras simplemente desean mojar sus raíces. La elección de plantas para este propósito depende principalmente del tipo de hábitat que su estanque tiene que ofrecer.

Para la mayoría de jardineros, un elemento de agua constituye una oportunidad para plantar algunas de las innumerables hermosas especies de plantas hidrófilas, ya sea dentro de un variado y ambicioso esquema de terreno húmedo (páginas anteriores) o en un rincón más recogido (página siguiente). Los nenúfares (especies y cultivares de *Nymphaea*, derecha) son los eternos favoritos.

LUGARES PARA PLANTAS

Las plantas acuáticas han desarrollado una excepcional capacidad para tolerar la humedad del suelo. Algunas especies sencillamente reaccionan mal a las condiciones secas y prefieren un terreno habitualmente inundado, o las orillas húmedas del agua, mientras que a menudo se resienten de una inmersión más profunda.

Algunas se han especializado en sobrevivir en condiciones de escasez de oxígeno y de inundación y utilizan sus raíces principalmente para anclarse profundamente bajo el agua, mientras su follaje flota en a superficie, tomando el oxígeno del aire y los nutrientes del agua. Otras han abandonado por completo una existencia sedentaria y flotan libremente con las raíces, e incluso las hojas, totalmente sumergidas. Cada una de estas distintas especies tienen un hábitat y un nicho preferidos en la comunidad del estanque, y un importante papel que desempeñar en un bien organizado mundo de agua.

Plantas acuáticas de agua profunda
Se trata, por lo general, de plantas de gran tamaño que necesitan una profundidad de unos 23 centímetros o más para desarrollarse con plenitud. Su follaje flotante, que

puede extenderse hasta el doble de la profundidad a la que crecen, ayuda a sombrear grandes áreas del estanque, mientras que su vigoroso ritmo de crecimiento absorbe del agua grandes cantidades de nitrógeno, de modo que compiten agresivamente con las algas flotantes por sus nutrientes e impidien, de esta manera, que el agua adquiera un tono verde. La mayoría de los estanques tendrán únicamente espacio para dos o tres plantas fuertes.

Los numerosos cultivares de nenúfar son los ejemplos más conocidos del grupo, pero hay otros muchos. Entre las especies destacables se encuentran:

- El aponogetón (*Aponogeton distachyos*): hojas ovaladas y moteadas y flores blancas fragantes.

- El nenúfar de estanque japonés (*Nuphar japonicum*): hojas brillantes lanceoladas y flores amarillas.
- La genciana acuática (*Nymphoides peltata*): hojas con forma de corazón y flores amarillas con orla.
- El orontio (*Orontium aquaticum*): rosetas de hojas cerosas y espigas de flores blancas con puntas amarillas.
- El ranúnculo de agua (*Ranunculus aquatilis*): hojas alargadas sumergidas y flores blancas individuales; es una buena oxigenadora (*véase* pág. 96).

Plantas de orilla

Pueden comportarse como acuáticas de escasa profundidad y crecer a profundidades entre 15 y

Una selección que incluye varias especies de orilla tales como el junco florido (*Butomus umbellatus*, derecha), y unas pocas plantas acuáticas de agua profunda como el intrigante orontio (*Orontium aquaticum*, izquierda) proporcionará los principales ingredientes de un esquema de vegetación efectivo.

20 centímetros, o como plantas terrestres hidrófilas para desarrollarse en el lodo, al borde del agua. Posiblemente son las plantas de estanque más importantes desde el punto de vista paisajístico y se pueden plantar en masa en exuberantes esquemas silvestres e informales, para que formen un borde continuo con el que camuflar los límites entre la tierra y el agua, o como especímenes solitarios juiciosamente colocados en torno a un estanque formal.

Los ejemplares sumergidos se plantan, por lo general, en cestas para controlar su crecimiento y extensión, aunque sus abundantes raíces resultan ideales para estabilizar las orillas de estanques y arroyos cuando se plantan directamente en el suelo.

Plantas de orilla para estanques formales

- El cálamo aromático (*Acorus calamus* «Variegatus»): hojas como las del lirio, con rayas de color crema y espigas de flores amarillentas.
- El junco florido (*Butomus umbellatus*): hojas esbeltas y largas y grandes cabezas florales de color rosado.
- La cala de agua (*Calla palustris*): hojas elegantes con forma de corazón y espatas de flores blancas y bayas rojas.
- La cola de caballo (*Equisetum hyemale*): tallos rígidos de tipo vara, con artejos y puntas prominentes.
- La gliceria variegada (*Glyceria maxima* var. *variegata*): gramínea perenne con rayas amarillas y blancas.

- El lirio de estanque japonés (*Iris laevigata*): manojos de hojas con forma de espada y complejas flores azules y amarillas.

Plantas de orilla para estanques informales
- La hierba centella (*Caltha palustris*): follaje oscuro y flores tempranas de color amarillo brillante.
- La lobelia (*Lobelia cardinalis*): hojas broncíneas y espigas florales de color rojo vivo.
- La nomeolvides acuática (*Myosotis scorpioides*): El cultivar «Mermaid» produce flores de azul pálido.

- La persicaria anfibia (*Persicaria amphibia*): follaje perenne y densas espigas de flores rojas.
- La pontederia (*Pontederia cordata*): hojas lanceoladas de color verde intenso y apretadas espigas de flores de color azul.
- La cola de golondrina (*Sagittaria sagittifolia*): hojas con forma de flecha y espigas de flores blancas con el centro oscuro.

Plantas de ciénaga
Existe una importantísima variedad de plantas vivaces a las que no les gusta el agua estancada y el terreno pantanoso,

La vívida hierba centella (*Caltha palustris*, página anterior, izquierda), de floración primaveral, y la inconfundible cola de golondrina (especie de *Sagittaria*, página anterior, derecha) son plantas de orilla fáciles de cultivar e idóneas para plantarse en los márgenes de estanques informales para vida animal y de estilo naturalista (derecha).

La pontederia de agua (*Pontederia cordata*, izquierda) es una de las plantas de orilla más fiables y de mejor comportamiento para estanques de todos los tamaños, y su floración es tardía, un mes o dos después que *Persicaria* (sin. *Polygonum*) *bistorta* (página siguiente), que es una planta no invasiva que disfruta en un jardín pantanoso.

Plantas que necesitan cautela

Algunas plantas de orilla de gran belleza resultan invasivas si se las deja extenderse a sus anchas y, de modo que es preferible confinarlas en cestas para impedir que agobien a sus vecinas menos robustas. Tenga cuidado si planta ranúnculos (*Ranunculus lingua*), outinias (*Houttuynia cordata*), glicerias (*Glyceria maxima*), juncias de olor (*Cyperus longus*), cola de lagarto (*Saururus cernuus*), menta de agua (*Mentha aquatica*) y variedades grandes de espadaña (especie *Typha*), a menos que disponga de abundante espacio o tenga la resuelta intención de podarlas sin piedad para reducir su expansión. El bálsamo del Himalaya (*Impatiens glandulifera*) es una planta anual majestuosa y hermosa que se autosiembra a voluntad y puede resultar invasiva, sobre todo en un entorno silvestre.

Las plantas acuáticas y de jardín pantanoso exhiben algunos de los follajes más espectacularmente variados, desde la intrincada simetría de las frondas de los helechos y los enfáticamente estilizados grupos de gramíneas, juncos y lirios (derecha) hasta la elegante corpulencia de las hostas (página siguiente, derecha) y la llamativa extravagancia de las hojas gigantes (*Gunnera manicata*), como su nombre indica, un gigante entre las plantas de ciénaga resistentes.

sino que, por el contario, se desarrollan mejor donde el suelo está permanentemente húmedo.

Dichas especies incluyen gramíneas, juncias y juncos, flores silvestres y muchas variedades cultivadas de jardín que a menudo crecen con mayor vigor en la frontera que se establece entre el estanque y el jardín que en un arriate herbáceo convencional (para construcción y plantación de un jardín, *véase* pág. 102).

Plantas flotantes

Estas plantas flotan sobre la superficie del agua tranquila, o justo por debajo de ella, arrastrando libremente sus raíces y absorbiendo los nutrientes disueltos en el agua. Son un componente vital de la comunidad vegetal del estanque, ya que ayudan a las plantas acuáticas de agua profunda en su papel de cubierta vegetal de la superficie. Además, añaden encanto y diversidad cuando sus masas de rosetas se congregan para formar balsas de hojas y flores que flotan hacia las partes más favorecidas del estanque. Algunas son plantas vivaces resistentes, mientras que otras proceden de climas cálidos y, en regiones propensas a las heladas, sólo se colocan en el estanque en primavera tras un periódo de descanso puertas adentro. Simplemente se deben dejar caer plantas individuales sobre la superficie, donde flotarán

Las plantas esculturales más destacables, como el termófilo y potencialmente invasivo jacinto de agua (*Eicchornia crassipes*, izquierda) y las diversas y gráciles especies de *Cyperus* (derecha), merecen crecer aisladas como especímenes estrella.

y se multiplicarán solas. Entre las especies más populares se encuentran las siguientes:

- El jacinto de agua (*Eichornia crassipes*): termófila, pero vigorosa (invasiva en aguas cálidas); hojas suculentas brillantes y racimos de llamativas flores de color lavanda y amarillo.
- El mordisco de rana (*Hydrocharis morsus-ranae*): resistente y discreta, produce unas flores de color blanco luminoso o amarillo y unas hojas parecidas a las de un nenúfar enano.
- La lechuga de agua (*Pistia stratiotes*): una planta vivaz termófila con unas ordenadas rosetas de hojas aterciopeladas y de punta cuadrada.
- La pita acuática (*Stratiotes aloides*): penachos alargados de follaje semiperenne que emergen o se sumergen, según la estación y la etapa de crecimiento.
- La castaña de agua (*Trapa natans*): una planta anual delicada, con preciosas rosetas de hojas moteadas de forma angular; flores y frutos sólo en climas cálidos.
- La lentibularia (*Utricularia vulgaris*): planta carnívora resistente con una masa de hilos y vesículas que nada bajo la superficie y unas flores abolsadas de color amarillo dorado.

Plantas oxigenadoras

Estas plantas esenciales permanecen sumergidas durante la mayor parte de su vida; arraigan en cestas o en el barro de las orillas y regulan la química del estanque, ya que suministran oxígeno al agua, a la vez que eliminan el dióxido de carbono y el exceso de minerales. Existen diversas especies disponibles en el mercado, normalmente mezcladas en manojos de esquejes atados con una brida lastrada para que las plantas se hundan cuando se arrojan al estanque (*véase* pág. 102).

Entre las especies comunes se hallan *Potamogeton*, tanto la variedad rizada, *P. crispus*, como la de hoja de hinojo, *P. pectinatus*; el junco de espiga (*Eleocharis acicularis*), la pamplina de agua (*Callitriche hermaphroditica*) y la filigrana mayor (*Myriophyllum spicatum*). Para estanques bien establecidos de mayor tamaño elija especies más vigorosas, tales como la elodea gigante (*Lagarosiphon major*), la elodea (*Elodea canadensis*), la cola de zorro (*Ceratophyllum demersum*), la violeta de agua (*Hottonia palustris*) y el ranúnculo de agua (*Ranunculus aquatilis*).

PLANIFICACIÓN DE LA VEGETACIÓN

Cada uno de los diferentes tipos de plantas contribuye a la salud del estanque como un ecosistema próspero. Debería incluir algún miembro de cada grupo en su plan de plantación para que se desarrolle una comunidad acuática equilibrada, pero las limitaciones de espacio pueden impedirlo. Es fácil abarrotar el lugar de plantas, con las consiguientes pérdidas, de modo que adapte la cantidad de plantas a la superficie de agua y a los márgenes disponibles para plantar.

Ejemplos de poblaciones apropiadas

• Estanque pequeño (unos 0,75 metros cuadrados):
  5 plantas oxigenantes, 2 flotantes y 4 de orilla.

Se pueden combinar fácilmente distintas plantas acuáticas para establecer asociaciones variadas y atractivas. Las contrastantes formas de las especies acuáticas, los helechos y los tallos rayados de *Schoenoplectus lacustris* subsp. *tabernaemontani* «Zebrinus» se mezclan (izquierda) frondosamente en un jardín acuático en miniatura, mientras que unos corros de nenúfar, unos juncos y el expansivo ruibarbo (cultivares de *Rheum palmatum*) [página siguiente] forman una composición más bella.

Plantas para barreños

Algunas plantas acuáticas pueden ser invasivas y desafiar sus intentos de controlarlas, ya que un amplio espacio y nutrientes en disolución pueden fomentar el crecimiento. Algunas especies, sin embargo, constituyen atractivas plantas flotantes en miniatura para barreños y cuencos, donde su delicada estructura se aprecia con más facilidad. La lenteja de agua de «hoja de hiedra» (*Lemma trisulca*) parece una alfombrilla de estrellas diminutas y se multiplica a un ritmo más modesto que las otras especies de *Lemma*. El helecho de agua (*Azolla filiculoides*) es una variedad preciosa de apenas 1 centímetro de anchura que flota formando como unas balsas de encaje y se torna rojo en invierno. Mantenga esta especie fuera de los grandes estanques y cursos de agua naturales, donde se puede multiplicar de manera alarmante.

- Estanque mediano (unos 1,8 metros cuadrados):
  10 plantas oxigenantes, 3 flotantes, 6 de orilla
  y 2 acuáticas de agua profunda.
- Estanque grande (unos 4,5 metros cuadrados):
  20 plantas oxigenantes, 5 flotantes, 8 de orilla y
  3 acuáticas de agua profunda.

Además de adaptar las cantidades al espacio, considere
la naturaleza del lugar y sus propias preferencias con
respecto al aspecto acabado.

Si el estanque está pensado para albergar peces o para
vida animal en general, asegúrese de que entre uno y dos
tercios de la superficie estén cubiertos de follaje flotante
para que exista la suficiente sombra y recogimiento.

La superficie de los estanques reflectantes debe
conservarse clara y limpia. Aumente el número de plantas
sumergidas para mantener la calidad del agua.

Los estanques formales ofrecen mejor aspecto si las
plantas están adecuadamente espaciadas, siguiendo un
patrón, o dispuestas en grupos o individuos aislados.

Integre los estanques formales con su entorno; para ello,
plante generosamente algunas zonas con especies
de ciénaga y de orilla.

Céntrese en las especies autóctonas para los estanques
de vida animal, e incluya algunos arbustos de bayas
y plantas de tallo alto para que emerjan las criaturas
de la charca.

Elija una selección de plantas para que aporten colorido
e interés visual en cada una de las estaciones, y tenga en
cuenta los lugares soleados o sombreados.

Cómo crear un diagrama de plantación

Dibuje un plano del estanque y sus alrededores a escala,
junto con las plantas y elementos ya existentes. Marque (a

escala) los posibles lugares para plantar y etiquételos con el tipo de planta que crecerá en cada uno.

Establezca una lista de plantas que le gustaría poner, y divídalas en especies de agua y de orilla. Anote la altura, la expansión, el aspecto y la temporada de floración de cada una, así como la clase de condiciones que prefiere. Incluya algunas plantas perennes que proporcionen interés visual durante todo el año y suficientes plantas de orilla para llenar aproximadamente un tercio del perímetro (aumentarán hasta cubrir una gran área). Por último, vincule las plantas con los sitios marcados, siempre recordando la necesidad de un equilibrio y un aspecto satisfactorios cuando las plantas crezcan.

CÓMO PLANTAR EN EL AGUA

Las especies de orilla y las acuáticas de agua profunda se pueden plantar en cestas, hecho que limitará su expansión y hará más fácil el mantenimiento, o bien en una capa de tierra, que soportará un crecimiento todavía más intenso y a menudo más sano (cubrir un revestimiento sintético con tierra también puede protegerlo contra los efectos deteriorantes de la luz). El método que elija dependerá del tipo de estanque y de la jardinería acuática esté dispuesto a llevar a cabo. A modo de compromiso, podría poner plantas de agua profunda en cestas para que se puedan extraer con facilidad con fines de limpieza y propagación, a la vez que planta especies de orilla en aguas menos profundas, en una capa de tierra sobre una repisa a lo largo del borde del estanque.

Plantación directa
Emplee tierra de jardín limpia que no sea demasiado fértil; la tierra de subsuelo resulta a menudo ideal y puede reducir el

Las plantas acuáticas de agua profunda, como estos lirios (izquierda), normalmente se desarrollan en cestos que se sitúan en el fondo del estanque, mientras que las plantas de orilla prefieren una ligera inmersión, lo que se consigue colocándolas en una repisa sumergida a los lados del estanque (derecha, izquierda).

Repisas para plantas

Las repisas sumergidas que rodean la totalidad o parte de los lados de un estanque resultan ideales en aquellas plantas que prefieren una ligera inmersión para desarrollarse. Los revestimientos prefabricados normalmente las incluyen, aunque también puede crear una o dos, mientras está excavando para construir el estanque de cemento o de un revestimiento flexible. Una anchura práctica se sitúa en 23 centímetros, mientras que la profundidad suele ser de 20-23 centímetros. Utilice las mismas medidas cuando construya diferentes repisas a mayor profundidad.

crecimiento, a la vez que los excesivos nutrientes del agua. Retire y deseche todas las piedras, palos y fragmentos orgánicos de cierto tamaño, y extienda una capa de tierra entre 10 y 15 centímetros de grosor sobre el fondo del estanque o, simplemente, sobre las repisas de la orilla.

Una capa superpuesta de gravilla redonda estabilizará la tierra contra cualquier turbulencia del agua o la propia acción de los peces. Cuando llene el estanque, coloque el extremo de salida de agua de la manguera sobre un recipiente o un saco para amortiguar la caída y evitar que la tierra se remueva.

Utilice la misma mezcla de tierra o un compost acuático de marca a la hora de plantar. Para plantar directamente en un fondo de tierra, centre una piedra pesada en un cuadrado de tela de saco y envuelva bien la mezcla para plantar en torno a sus raíces para realizar una bola que tenga entre 15 y 20 centímetros de anchura cuando el borde de la tela esté envolviendo por arriba el cuello de la planta. Átelo con holgura y, después, introduzca el paquete en el agua y deje que se hunda hasta el fondo.

Plantación en cestas

Colocar plantas en cestas perforadas le permitirá extraerlas con facilidad para su cuidado e inspección y, al mismo tiempo, reduce la expansión de las especies más invasoras.

Forre el interior de la cesta con tela de saco o malla fina de plástico, luego llénela parcialmente de tierra o compost y coloque la planta de tal manera que su cuello, o tallo radicular, quede justo por debajo de la superficie.

Presione firmemente la tierra a su alrededor y extienda sobre ella un manto de gravilla redonda o piedrecitas de 2,5 centímetros de grosor para impedir cualquier

perturbación. Riegue abundantemente y, después, sumerja con cuidado la cesta hasta situarla en su lugar; no obstante, cuando cesen las burbujas, deténgase antes de soltarla.

En un agua profunda, apoye la cesta sobre ladrillos hasta que las nuevas hojas alcancen la superficie; luego deje que descienda retirando los ladrillos (por etapas, si es necesario), hasta que la planta se halle a la profundidad ideal.

UN JARDÍN PARA PLANTAS DE CIÉNAGA

Un jardín pantanoso es un lecho o franja especialmente húmedos, donde las plantas hidrófilas y muchas especies de orilla pueden encontrar las condiciones idóneas para desarrollarse. Por supuesto, un terreno pantanoso puede ser adecuado sin necesidad de ninguna intervención, aparte de las pautas de cultivo básico, pero bastante a menudo el lugar necesita una preparación especial, bien sea como una zona adyacente sobre la que el estanque pueda desbordarse o como un área de terreno húmedo separada y rodeada de tierra seca.

Tendrá que impedir el drenaje de alguna manera para que el jardín pantanoso se conserve permanentemente húmedo.

Si va a utilizar el agua del estanque para mantener los niveles de humedad, el método habitual consiste en excavar un área de unos 30 centímetros de profundidad inmediatamente junto al hoyo excavado para el estanque. Deje entre las dos cavidades una pared que tenga 5 centímetros menos de altura que el resto del perímetro del estanque. Recubra el interior de la ciénaga con un

El agua proporciona un hábitat ideal tanto para plantas naturales como silvestres, así como paisajes más artísticos, como esta composición de ensueño a base de rocas, plantas trepadoras, un elegante follaje y flores exóticas.

revestimiento flexible, de manera que el borde quede solapado bajo el borde del revestimiento del estanque. Luego utilice un cuchillo para perforar los lados del forro a intervalos de 90 centímetros (salvo en el lado adyacente al estanque) y, finalmente, extienda una capa de grava o gravilla sobre el fondo antes de llenarlo con fértil tierra de jardín libre de cualquier raíz de hierbas perennes.

Este mismo método se puede emplear, adaptado, para preparar un jardín pantanoso. Deje el forro sin perforar y entierre una tubería de riego perforada en la capa de grava con que va a cubrir el fondo. Interrumpa el conducto en un extremo, conecte un manguito de unión estanco al otro extremo y, posteriormente, extienda una lámina de tejido de plástico por encima para impedir que se filtren en la tierra la gravilla o las tuberías. Después de plantar, mantenga el lecho densamente cubierto con un mantillo de compost de jardín o corteza de árbol troceada para impedir la evaporación y conservar unas condiciones de humedad ideales y estables.

Preparación de un jardín pantanoso nuevo

Las malas hierbas son, en ocasiones, difíciles de erradicar en un terreno húmedo, donde tal vez se tornen fértiles y tenaces, de modo que limpie el suelo de cualquier raíz con tanta meticulosidad como pueda antes de plantar en él. Para mejorar la retención de agua, introduzca en el suelo abundante materia orgánica con la ayuda de una horca, y añada hasta un tercio de compost de jardín o estiércol bien descompuesto por volumen. Pisar sobre este suelo preparado durante la plantación puede hacer que se apelmace y pierda oxigenación: evítelo y pise sobre una tabla para que su peso se distribuya mejor. Riegue las plantas abundantemente antes y después de plantar. Entre

El género *Iris* (lirios) ofrece la mayor y más emocionante gama de bulbos y rizomas para jardines de agua, incluida la exótica raza de lirios japoneses (*Iris ensata*, sin. *I. kaempferi*) y, entre ellos, el popular cultivar «Rose Queen» (derecha).

las plantas vivaces comunes que se desarrollan en jardines pantanosos se encuentran los astilbes, la lobelia (*Lobelia cardinalis*), los lirios de día (*Hemerocallis*), los eupatorios, el calderón (*Trollius*), la barba de cabra (*Aruncus*), la gunnera las hostas, la hierba centella (*Caltha*), las ligularias, la salicaria (*Lythrum*), las prímulas y las rodgersias.

CUIDADOS DE UN JARDÍN PANTANOSO

Un jardín pantanoso equilibrado y establecido se convertirá en un ecosistema autorregulador en muchos aspectos, y el cuidado de un estanque y sus moradores a lo largo de todo el año requiere menos dedicación que el de otras áreas del jardín. El tiempo de mantenimiento que tendrá que destinar dependerá, evidentemente, del tipo de elemento acuático. Se pueden formar acumulaciones de verdín y algas en barreños, cuencos y estanques en calma desprovistos de plantas, y es posible que se tengan que vaciar y limpiar una o dos veces al año.

En una charca de vida animal, por otra parte, se puede dejar que la vegetación se acumule y se depositen residuos en el fondo como parte de su evolución natural, e incluso se puede abstener de tocarla durante diez años antes de que necesite alguna restauración significativa.

El seguimiento de unas escasas y sencillas instrucciones puede simplificar el cuidado de un estanque y ayudar a prevenir problemas:

Bulbos para suelos húmedos

Aunque la mayoría de los bulbos y rizomas prefieren un adecuado drenaje, algunas especies se han adaptado para sobrevivir en terreno de orilla húmedo o acuoso y resultan muy atractivas junto al agua, donde las llamativas formas de las hojas y a veces su arqueados tallos de flores producen espectaculares imágenes especulares. Entre las plantas que puede utilizar se encuentran los lirios de agua (*Zantedeschia*), la caña de pescar de ángel (*Dierama*), el tablero de damas (*Fritillaria meleagris*), las campanillas (*Leucojum*), los narcisos (*Narcissus bulbocodium*) y muchos lirios, en especial *Iris ensata* e *I. sibirica*.

- No emplee fertilizantes o pesticidas químicos, ya que pueden resultar perjudiciales para la vida del estanque y la calidad del agua.
- Extienda una red sobre los estanques en otoño para atrapar las hojas que caen de los árboles, e impida que se hundan y ensucien el agua. Dispérselas entre las plantas del jardín pantanoso.
- Limpie el agua del estanque de cualquier resto vegetal muerto, pero no corte los tallos muertos de las plantas de orilla hasta la primavera, ya que protegen a las

raíces en letargo y proporcionan protección a la vida animal.
- Retire las plantas termófilas de estanque en otoño para que reposen en un cuenco de agua en el interior, o donde estén protegidas de las heladas.
- Cada primavera, cubra los jardines pantanosos y los lechos de orilla con un mantillo de compost de jardín para controlar las malas hierbas y suministrar nutrientes de acción lenta.
- Limpie, revise y guarde las bombas durante el invierno, y sustitúyalas por un calentador de estanque en aquellos

Agua verde

A menudo, los estanques adquieren una tonalidad verde a finales de primavera, ya que el calor y la luz del sol fomentan el rápido crecimiento de las algas acuáticas, que se nutren de los minerales disueltos que, con frecuencia, llegan de las aguas vertidas en el estanque desde el suelo circundante o del agua de grifo utilizada para restaurar el nivel del estanque. Éste es un fenómeno natural, aunque perturbador, que a menudo se estabiliza cuando avanza la estación.

Se puede reducir el problema si se incluyen muchas plantas oxigenantes sumergidas, y si se protege de la luz solar parte de la superficie con plantas de follaje flotante y se introducen en el estanque caracoles y mejillones de agua dulce, que se alimentan de algas y filtran el agua. Las algas más filamentosas se pueden desarrollar hasta formar alfombrillas de «manto verde». No las trate con productos químicos; se pueden sacar fácilmente con un rastrillo de césped o enrollarlas en un palo con salientes para añadirlas al montón de compost, o también puede hundir en el agua almohadillas de paja de cebada como modo de prevención natural.

donde haya peces que necesiten vivir en condiciones libres de hielo.

- Las plantas vigorosas que crecen en cestas tendrán que dividirse y trasplantarse cada tres o cuatro años para rejuvenecerlas e impedir que se extiendan más allá de sus límites.
- Aclare las plantas flotantes si llegan a cubrir más de dos tercios de la superficie y retire la capa de algas y otras especies indeseadas antes de que se adueñen del lugar (*véase* recuadro).

Arreglo de un estanque descuidado

Un estanque seriamente abarrotado de vegetación, que huele o lleno de residuos, necesitará una renovación completa o muy importante. Los estanques formales, por lo general, se pueden desaguar, o drenar, con la ayuda de una bomba, para limpiarlos, después de comprobar si se pueden conservar algunas plantas para su propagación y trasplante. Consérvelas, así como los peces, en grandes barreños de agua hasta que todo esté listo para introducirlos de nuevo en el estanque renovado.

Retire todo el barro que encuentre, limpie bien las paredes y repare el revestimiento si gotea (*véase* página siguiente). Cuando rellene el estanque, añada algunas muestras del agua original para disponer de un cultivo básico de microorganismos acuáticos, y también un acondicionador de agua si va a introducir peces.

Los estanques informales de vida silvestre requieren una restauración más cautelosa para evitar perturbar o destruir una posiblemente importante y diversa población de vida vegetal y animal. Otoño es la mejor época del año para llevar a cabo este trabajo, justo entre las dos estaciones habituales de cría e hibernación, respectivamente. Retire la mitad de la vegetación existente, y deje toda la que proceda del interior del estanque sobre la orilla durante uno o dos días para permitir que las criaturas que se encuentran en ella regresen al agua. Achique o bombee aproximadamente la mitad del agua y drague todo el barro, piedras o material orgánico acumulado en el fondo, pero deje una o dos áreas inalteradas para repoblar la charca de microorganismos. Reponga el nivel del agua; para ello, utilice una manguera y poca agua.

Cómo reparar una gotera en el estanque

La antigüedad o los daños recibidos pueden estropear el revestimiento de un estanque. Puede que el nivel del agua permanezca por sí mismo a la altura de la gotera, o tal vez tenga que desaguar o achicar el estanque para que el daño permanezca a la vista para su intervención. Los revestimientos de politeno tienen una vida muy limitada y es mejor reemplazarlos completos una vez que empiezan a deteriorarse; la reparación de otras clases de forro es normalmente posible y fácil de llevar a cabo.

En el mercado existen *kits* de reparación para forros rígidos prefabricados, en los que al cabo de un tiempo pueden formarse grietas, sobre todo en los de lámina más fina y en aquellos que se asientan sobre bases inestables. Los *kits* de reparación se usan para parchear los revestimientos de butilo y PVC; primero, limpie la zona dañada para proporcionar un buen agarre al adhesivo impermeable.

Las finas grietas en el hormigón se pueden tratar con sellador de estanque o con Mastic. Las fisuras más grandes precisan que las agrande con un cincel y un martillo para después rellenarlas con mortero impermeable.

Alimente las plantas

Las plantas de agua profunda y de orilla, una vez establecidas, pueden necesitar fertilizante cuando reanudan su crecimiento en primavera, porque los nutrientes del suelo o del compost pasan con facilidad al agua del estanque. Fertílícelas con cautela para no enriquecer aún más el agua y estimular el crecimiento de algas. Utilice un fertilizante de acción lenta aplicado de forma directa e individual a cada planta y, allí donde sea posible, emplee uno compuesto a base de algas. No aplique demasiado y nunca alimente a las plantas flotantes o sumergidas.

CALENDARIO DEL JARDÍN DE AGUA

El mantenimiento de un jardín de agua es sencillo y únicamente debe realizarse con el cambio de estación, siempre y cuando siga esta lista de instrucciones para su cuidado esencial.

Primavera
- Corte y aclare los tallos muertos de la parte superior; renueve las plantas que han crecido demasiado mediante la división o la poda.
- Alimente los nenúfares existentes; para ello, entierre saquitos de fertilizante especializado de acción lenta cerca de las coronas, y con ello potenciará su desarrollo.
- Introduzca los peces y las plantas acuáticas termófilas que han estado invernando en el interior.

En el punto álgido de un caluroso verano, un estanque ligeramente sombreado y densamente poblado de vegetación puede constituir un refugio fresco y relajante, lejos del calor del sol del mediodía.

- Comience a alimentar a los peces, frugalmente al principio, para ir aumentando gradualmente la dosis a medida que se van volviendo más activos.
- Comience a tratar el agua verde y otras algas que se multipliquen (*véase* pág. anterior).

Verano

- Vigile la aparición de cualquier señal de plagas, como los áfidos y los escarabajos de los nenúfares (*véase* recuadro).
- En los días de calor tórrido, airee los estanques de peces; para ello, aplique un chorro de agua oscilante sobre la superficie. Reponga el nivel del agua.
- Elimine las hierbas, aplique mantillo y, en una estación seca, riegue el jardín pantanoso con un chorro suave de manguera.
- Aclare las plantas flotantes, y alcance los grupos inaccesibles con la ayuda de un cuchillo atado al extremo de una caña. Retire el material podado y añádalo al compost.

Otoño

- Cubra el estanque con una red para atrapar las hojas de árbol caídas y déjela así hasta el invierno.
- Continúe rellenando los niveles de agua y retirando las algas cuando sea necesario.

Control de plagas

Las plagas de insectos son parte del ciclo natural de crecimiento, muerte y descomposición, y todas las plantas están sujetas a él. Pocos problemas resultarán serios si ha mantenido un mundo acuático equilibrado. Las plagas son en sí parte de una cadena alimenticia y una charca llena de vida contendrá criaturas se alimentarán de ellas. En lugar de recurrir a insecticidas químicos, aplique a los áfidos, escarabajos y otras plagas un enérgico chorro de agua con una manguera para que caigan al agua.

- Proteja las plantas sensibles a las heladas, o bien donde crecen o introduciéndolas en el interior. Aísle térmicamente los barreños y recipientes de agua.
- Limpie y guarde el equipo de bombeo e instale un calentador de estanque donde sea necesario.

Invierno

- Compruebe atentamente que las superficies no estén resbaladizas a la hora de caminar sobre ellas. Cepille la piedra grasienta y coloque tela metálica sobre los pasillos de madera, o píntelos en verano con arena y adhesivo exterior.
- En épocas de frío prolongado, retire un poco de hielo en los estanques con menos de 60 centímetros de profundidad. No lo rompa a golpes, ya que el ruido continuo podría aturdir a los peces.
- Reduzca la alimentación de los peces de acuerdo con su actividad.

ÍNDICE

Los números de página en *cursiva* remiten a las ilustraciones